Milena Moser · Victor-Mario Zaballa

# Das schöne Leben der Toten

MILENA MOSER
VICTOR-MARIO ZABALLA

# DAS SCHÖNE LEBEN DER TOTEN

VOM
UNBESCHWERTEN UMGANG
MIT DEM ENDE

KEIN & ABER

1. Auflage Oktober 2019
2. Auflage November 2019
3. Auflage März 2020


Covergestaltung: Maurice Ettlin
Coverbilder und Illustrationen: Victor-Mario Zaballa
Satz: Ulrike Groeger
Druck und Bindung: CPI books GmbH, Leck
ISBN 978-3-0369-5818-7
Auch als eBook erhältlich

www.keinundaber.ch

Für Maria,
ohne die wir gar nicht erst
auf die Idee gekommen wären,
dieses Buch zu schreiben.

*Y para Lulu.*

INHALTSVERZEICHNIS

# VORWORT

»Könnt ihr das nicht mal aufschreiben?«

Folgenschwere Worte.

Es war kurz vor Weihnachten. Mein Sohn Lino und seine Freundin Maria besuchten uns in San Francisco. Sie brachten uns eine traditionelle mexikanische Scherenschnitt-Girlande mit, die sie in einer Zürcher Boutique gefunden hatten. Filigrane Skelette, Hand in Hand, tanzten einen bunten Reigen unter der Zimmerdecke.

»Der Tag der Toten ist auch bei uns ein Thema«, sagte Maria. »Wir haben Freunde, die ihre Wohnung im November mit Totenköpfen und Scherenschnitten schmücken. Aber niemand weiß genau, wie man den Tag richtig begeht.« Und dann kam sie, die unschuldige Frage: »Könnt ihr das nicht mal aufschreiben?«

So ist dieses Buch entstanden; so hat es sich zu einer persönlichen Auseinandersetzung nicht nur mit dem Día de los Muertos, dem Tag der Toten, sondern mit dem Tod an sich entwickelt.

Ich wusste nichts über mexikanische Kultur, als ich mich in Victor verliebte, einen mexikanischen Indianer vom Stamm der Nahua, einen *Conchero* und *Imaginero*, ausgebildet, um traditionelle Zeremonien durchzuführen, einen Künstler, dessen Arbeit bis in jede Zelle von seiner Kultur geprägt ist. Ich hatte mich nie wirklich für seine Geschichte interessiert.

Obwohl ich meinte, den Brauch des Totentages zu kennen: Als ich vor zwanzig Jahren mit meiner Familie in San Francisco lebte, übernahmen wir mit Begeisterung alle möglichen, uns damals noch fremden Feiertage. Zu Thanksgiving tischten wir einen Truthahn auf, obwohl der eigentlich niemandem so richtig schmeckte. Wir verkleideten uns zu Halloween und forderten ganz unschweizerisch Süßigkeiten von Fremden. Am Día de los Muertos trafen wir uns bei einer befreundeten Familie im damals noch mehrheitlich von Einwanderern aus Südamerika bewohnten Mission District. Pflichtbewusst, aber mit einem etwas mulmigen Gefühl malten wir unseren Kindern bleiche Totenkopfgesichter auf und schlossen uns nach Einbruch der Dunkelheit dem lärmenden Umzug an, der gleich vor ihren Küchenfenstern entlangging. Dieser Brauch war uns Schweizer Einwanderern ebenso fremd wie das drei Tage vorher stattfindende Halloween – vielleicht noch ein bisschen fremder. Skelette und Totenköpfe leuchteten in der Dunkelheit. Unheimliche Trommelmusik. Die Kinder verstanden den Feiertag ebenso wenig wie wir. Warum gab es keine Kostüme? Warum die Totenköpfe? Und viel wichtiger: Warum keine Süßigkeiten? Von Jahr zu Jahr verlagerte sich die Feier immer mehr ins Wohnzimmer unserer Freunde, immer weniger von uns schlossen sich dem Umzug an, bis wir am Ende auch das Schminken sein ließen.

»Der Día de los Muertos ist kein Karneval«, sagt Victor. »Und kein Disneyfilm.«

Tatsächlich hat Disney vor ein paar Jahren versucht, ein Patent auf den Día de los Muertos anzumelden. Nicht nur den Begriff, sondern gleich den ganzen Feiertag zu kaufen. Die Vorstellung, dass der Medienkonzern an allem, was mit diesem Brauch zu tun hat, mitverdienen könnte, lässt einen schwindlig werden. Eine albtraumhafte Vision wie aus einem Disneyfilm: »Der Tag, an dem Weihnachten verkauft wurde!« Eine wahnwitzige Idee, mit der sich der Konzern allerdings nicht durchsetzen konnte. Kurz darauf produzierte Disneys Tochterfirma Pixar den oscargekrönten Trickfilm *Coco*. Der Konzern hat aber wenigstens oberflächlich aus den heftigen Protesten gelernt und seinen lautesten Kritiker, den Cartoonisten Lalo Alcaraz, als kulturellen Berater engagiert. Oder wurden die Kritiker so gekauft? Die Meinungen gehen auseinander. Doch allein der Versuch beweist, dass der Día de los Muertos seine geografischen und kulturellen Grenzen gesprengt hat und im Mainstream angekommen ist. Wenn sich James Bond in *Spectre* durch einen gespenstisch anmutenden Umzug von tanzenden Skeletten ballert, ist das jedem klar. Und prompt tauchen traditionelle mexikanische Dekorationen überall auf: Totenköpfe auf Notizbüchern, Handyhüllen – und besonders ironisch: Schminktaschen. Scherenschnitte in Zürcher Boutiquen, tanzende Skelette in nordeuropäischen Fenstern. Was ist es nun, das uns an diesem alten Brauch so fasziniert?

Vielleicht gerade dieser respektlose, vertraute, lockere Umgang mit dem Tod, der ihm so viel von seinem Schrecken nimmt. Der Tod ist das Einzige, was in unserem Leben gewiss ist – okay, der Tod und die Steuerrechnung. Und doch tun wir so, als könnten wir ihn ignorieren. Wir blenden ihn aus, wir erwähnen ihn nicht. Wir umschreiben ihn hilflos, mit gedämpfter Stimme. Wir bilden uns

ein, wir könnten ihn austricksen, mit extremen Diäten und obskuren Zusatzstoffen in Schach halten. Je älter wir werden, desto einleuchtender scheint uns die Idee, ihm einfach davonzulaufen. Wir versuchen ihn auf endlosen Marathonstrecken und exotischen Berggipfeln abzuschütteln, ihn mit jugendlicher Kleidung, mit faltenfreier, aufgespritzter Haut zu täuschen. Als ob der Tod nur die Alten holen würde!

Und wenn das alles nicht hilft, wenn er uns unweigerlich einholt, der Tod, wenn er hinter der nächsten Kurve auf uns wartet – dann sind wir hilflos. Ob er nach uns greift oder uns unsere Liebsten entreißt: Wir haben ihm nichts entgegenzusetzen. Keine Tradition, die uns auffängt, kein Ritual, das uns hält. Wir sind allein. Verzweifelt versuchen wir die religiösen Strukturen, die den meisten von uns fremd geworden sind, zu ersetzen. Wir beschäftigen Sterbebegleiter und Trauerbegleiter, die uns durch ein unüberschaubares Angebot von alternativen Ritualen führen. Die Beisetzung auf dem Friedhof wird durch ein Waldgrab ersetzt, wir streuen die Asche unserer Verstorbenen in fließende Gewässer und von Berggipfeln herunter. Und doch sind wir mit unserer Angst vor dem Sterben, mit unserer Trauer um die Verstorbenen oft gnadenlos allein. Weil selbst unsere engsten Freunde keine Werkzeuge zur Hand haben, um mit unserer Trauer umzugehen, ja sie nur auszuhalten. Sie haben es nicht geübt. Wir haben es nicht geübt.

Was hat uns die mexikanische Kultur voraus? Mit ihren Totenköpfen und Skeletten überall, die einen schon auf der Türmatte und vom Fenster begrüßen, die auf schicke Lederjacken gemalt und auf Geldbeutel gestickt am Alltag teilnehmen und zu süßen Brötchen gebacken verzehrt werden?

Es ist eigentlich ganz einfach: Die mexikanische Kultur hat den Tod akzeptiert. Sie bekämpft ihn nicht, sie integriert ihn. Der Tod ist untrennbar mit dem Leben verbunden. Er ist immer dabei. Er wird gefeiert, er wird geneckt, er wird herausgefordert, er wird geehrt. Man kann ihm nicht entkommen, man versucht es auch gar nicht. Stattdessen lernt man, mit ihm zu leben. Vom ersten Tag an.

Das Entscheidende ist die Vorstellung, dass der Tod oder vielmehr das Totsein ein höchst erstrebenswerter Zustand ist. Dass die Toten, wo immer sie sind, die beste Zeit ihres Lebens haben. Und zwar ganz unabhängig davon, wie sie sich im Diesseits benommen haben. Das Paradies ist keine Belohnung für untadeliges Verhalten, sondern eine Tatsache. Ein Fakt des Lebens. Und deshalb trauern wir auch nicht um die Toten, nein, wir trauern um uns, die wir unsere Lieben verloren haben.

Und hier schafft der Día de los Muertos Abhilfe: Wenigstens diesen einen Tag im Jahr können wir mit unseren Muertitos, unseren lieben Toten verbringen. Wir müssen sie allerdings nach allen Regeln der Kunst bezirzen, damit sie ihre paradiesische Existenz vorübergehend verlassen. Andererseits ist dieser Aufwand auch in ihrem Sinne, denn wenn die Toten vergessen werden, zerfällt ihr ganzes tolles Jenseitsleben zu grauer Asche. Beziehungen enden nicht mit dem Tod, sie enden mit dem Vergessen.

Der Día de los Muertos ist der wichtigste Feiertag, der Höhepunkt des Jahres. Nicht nur in Mexiko, sondern auch in Victors Leben. Und unterdessen ist er auch mein liebstes Fest. Wir laden die Toten ein, wir stellen sie unseren Freunden vor, wir teilen eine Mahlzeit mit ihnen. Wir verbringen einen Abend nicht nur mit unseren Muertitos, sondern auch mit denen unserer Freunde und Nachbarn.

Wir laden den Tod zu uns nach Hause ein.

Das nimmt ihm seinen Schrecken. Das macht das Leben leichter. Davon handelt dieses Buch. Es ist keine kulturhistorische Abhandlung, hat keinen Anspruch auf Vollständigkeit. Es ist ein Gespräch zwischen zwei Kulturen, zwischen zwei Menschen. Es erzählt im weitesten Sinn meine eigene Annäherung an diesen fremden und doch so einleuchtenden, beinahe intuitiv vertrauten Brauch. So, wie Victor ihn mir näher gebracht hat. Durch seine Erfahrungen, seine Geschichten, seine Tradition. Es ist ein sehr persönliches Buch geworden.

Und nun – was ist der Día de los Muertos also?

Ein Fest für die Lebenden.

# 1. DER MARKT

## DAS BESTE IST GERADE GUT GENUG

Über die Toten nichts Schlechtes – dieser Grundsatz gilt in der mexikanischen Kultur nicht. Im Gegenteil. Dafür heißt es: Den Toten nichts Altes. Alles, was man den Toten darbietet, muss neu gekauft sein. Bis hin zu den Töpfen, in denen ihr Essen gekocht wird. Das ist natürlich längst nicht für jede Familie durchführbar. Aber alle tun ihr Bestes. Bereits Ende September breiten sich überall in Mexiko spezielle Totenmärkte aus, auf denen man alles kaufen kann, was man für den Día de los Muertos braucht.

»Die Vorfreude auf den Tag der Toten beginnt Ende September mit den Märkten«, sagt Victor. »Da werden ganze Straßenzüge gesperrt, es ist ein Volksfest. Musik wird gespielt, und wie es riecht! Du findest immer einen Vorwand, um dich auf dem Heimweg von der Schule davonzustehlen und die Stände zu bewundern, und es findet sich immer jemand, der dir etwas zusteckt.«

»Die Vorfreude auf den Tag der Toten.« In dieser Formulierung steckt alles, was die mexikanische Totenkultur ausmacht, was sie von allem unterscheidet, was ich kenne.

Ich kenne den Totensonntag, Allerheiligen, nur als Einschränkung: Die geschlossenen Kinos und Bars in meiner Jugend, später die Lesungen, die in katholischen Kantonen nicht durchgeführt werden konnten. Zwangsbesuche an Gräbern, die ich das ganze Jahr nicht gesehen hatte, das Frösteln auf dem Friedhof im grauen Novembernebel, die obligate Chrysantheme im Topf.

Jede Kultur hat ihre Rituale, ihre Bräuche, ihre Zeremonien. Aber ich kenne keine andere, die einen vergleichbar unbeschwerten, fröhlichen Umgang mit dem Tod pflegt. Ich kenne niemanden, der so etwas sagen würde: Die Vorfreude auf den Tag der Toten!

Niemanden, außer einen Mexikaner.

»Für die alten Mexikaner war der Gegensatz Tod und Leben nicht so unbedingt wie für uns«, schreibt Octavio Paz in *Das Labyrinth der Einsamkeit*.

»Der Tod war ein verlängertes Leben und umgekehrt [...] Das Leben hatte keine wichtigere Aufgabe, als in den Tod, seinen Gegensatz und seine Ergänzung, einzumünden. Der Tod seinerseits war kein Ende an sich: Der Mensch nährte mit ihm das gefräßige, unstillbare Leben.«

Das gefräßige, unstillbare Leben: Das gefällt mir. Das gefällt mir auch an Victor. Ich habe es erst auf sein persönliches, privates Bewusstsein der ständigen Anwesenheit des Todes geschoben. Er lebt schließlich seit bald zwanzig Jahren mit ihm. Aber offensichtlich geht dieses Bewusstsein über ihn hinaus, ist in seiner Kultur verankert.

Und was kann man nun auf einem Totenmarkt kaufen? Alles, was die Toten begehren: Blumen, Kerzen, bauchige Töpfe, in denen die *Tamales*, die gefüllten Maisrouladen, gedämpft werden. Bestickte Stoffe. Reich dekorierte

Totenköpfe aus Zuckerteig. Die sind allerdings für die Lebenden gedacht und mit deren Namen versehen. »Eine meiner deutschen Freundinnen war einmal schwer beleidigt, als ich ihr so einen schenkte«, lacht Victor. »›Willst du mich etwa loswerden?‹ Aber so ist es nicht gemeint – es ist nur eine Erinnerung daran, dass du auch einmal sterben wirst. Dass der Tod zum Leben gehört.«

Diese Zuckerschädel sind besonders bei Kindern beliebt. Zu sehen, wie kleine Kinder genüsslich an einem Totenkopf herumkauen, der ihren Namen trägt, kann schon etwas befremdlich wirken. Wenn man nicht mit dieser Tradition aufgewachsen ist. Aber es erklärt auch den ungezwungenen, vertrauten Umgang mit dem Tod. Wer sich die Ankündigung des eigenen Todes im Mund zergehen lässt, wird ihn nicht fürchten.

»Wenn du als Kind keinen solchen Zuckertotenkopf mit deinem Namen bekommst, ist das, als ob dich der Weihnachtsmann vergessen hat. Einmal«, erinnert sich Victor, »hat meine Mutter *Atole* gekocht, das traditionelle Warmgetränk aus Maismehl. Doch sie konnte den *Piloncillo*, den braunen Zuckerhut, nicht finden, der eingerührt wird, und so warf sie einfach meine *Calavera*, meinen Totenkopf, in den Kessel! Ich konnte zusehen, wie er sich auflöste. Was habe ich geweint!«

Die schönsten dieser reich verzierten Totenköpfe werden aber nicht gegessen, sondern in Seidenpapier gewickelt aufbewahrt und Jahr für Jahr wieder auf dem Altar angerichtet. So mischen sich die Lebenden unter die Toten, die Toten erinnern sich daran, dass sie gelebt haben, und die Lebenden rufen sich ins Bewusstsein, dass sie sterben werden.

Dieselbe Funktion erfüllen die kleinen Schaukästen, in denen Skelette allen möglichen Tätigkeiten nachgehen. Auch die sind als Geschenke für die Lebenden gedacht. Bis ins letzte Detail liebevoll nachgebaute Szenen stellen das Leben des Beschenkten dar: Nur sind es eben Skelette, die in Schulzimmern eine Klasse von Winzlingsskeletten unterrichten. Die verletzte Knochenmänner in Ambulanzen laden, Krane und Bagger bedienen, filigrane Fischskelette aus den blau bemalten Papiermaschee-Wellen ziehen oder auf dem Markt in detailgetreu bedrucktes Zeitungspapier wickeln. Man sieht Gebeine unter reparaturbedürftigen Autos hervorschauen, Skelette als Hochzeitspaar tanzend und an Infusionen und Maschinen angeschlossen im Krankenhausbett liegen.

Wem schenkt man denn so etwas?

»Oh, jemandem, der schwer krank ist.«

Ist das nicht ein bisschen taktlos? Jemanden, der bereits im Krankenhaus liegt, daran zu erinnern, dass er bald sterben könnte?

Das ist der Unterschied zwischen der mexikanischen und der europäischen Kultur. Der Tod ist immer da, ist Teil des Lebens, des Alltags, wird nicht verschämt versteckt. Man spricht über den Tod nicht im Flüsterton – und man wechselt nicht die Straßenseite, wenn man einem Hinterbliebenen begegnet. Im Gegenteil. Am Día de los Muertos besucht man die Familien, die in diesem Jahr einen Angehörigen verloren haben, und bringt ihnen Geschenke mit – den Toten, nicht den Angehörigen. Auch diese *Ofrendas* kann man auf dem Totenmarkt kaufen: Früchte, Totenbrötchen, Kerzen, reich bestickte Stoffe, Blumenornamente, Spielzeuge. Alles, was an die Toten erinnert, alles, was für sie im Leben von Bedeutung war. Eine Pfeife, ein Plüschaffe, eine neue Bluse, saftige, rosafarbene Kaktusfrüchte. Man geht davon aus, dass sich Geschmack und Bedürfnis im Tod nicht grundsätzlich verändern. So wurden die Toten früher gern mit ihren Wertsachen begraben, oder es wurde ihnen noch im Sarg, auf dem Weg zum Friedhof, Wasser eingeflößt. Nur ein paar Tropfen, aber trotzdem. Sicher ist sicher. Man bringt also den Toten dieselben Geschenke, die ihnen im Leben Freude gemacht hätten. In Michoacán werden diese *Ofrendas* auf hölzerne Pferdchen gebunden und so transportiert und verschenkt. Die Trauerfamilie wiederum bewirtet die Gäste mit traditionellen Gerichten, *Posole*, einer Maissuppe, *Tamales* und *Atole*. Die Gäste legen ihre Gaben auf den Altar, und dann wird geredet. Die ganze Nacht lang. Es wird über die Toten geredet, als seien sie noch da.

Das ist vielleicht der tröstlichste Aspekt des Día de los Muertos: Der Tod schaut in jedem Haus einmal vorbei. Dieses Bewusstsein wird so selbstverständlich geteilt wie die Trauer. Niemand bleibt damit allein.

## DAS VORDRINGEN DES NICHTS

Die Sterblichkeit verdanken wir einem Unfall. Die Spannungen zwischen den Geschlechtern, die angenehmen wie die anstrengenden, auch. Alles nur, weil Quetzalcoatl hingefallen ist!

Jedenfalls gemäß dem toltekischen Schöpfungsmythos, wie Victor ihn mir erzählt hat. Die Hochzeit der Tolteken war längst vorbei, als die Azteken aus dem Norden kamen und sich ihre Kultur, ihre Religion und ihre Götter einverleibten. Das waren deren viele und sie hatten poetische Namen: Coatlicue, »die mit dem Schlangenrock«, die Mutter der Erde, der Sonne, des Mondes und der Sterne. Huitzilopochtli, der »südliche Kolibri«, Gott des Mondes und des Krieges. Mixcoatl, die »Wolkenschlange«, Gott der Jagd und des Polarsterns, Ometeotl, »Zwei-Gott«, Gott und

Göttin der Dualität. Tlaloc, »der die Dinge sprießen lässt«, der Gott des Regens. Es gab Fruchtbarkeits- und Medizingötter, jedes Gestirn und jede Ackerfrucht hatte ihre eigene Gottheit, aber auch die Trunksucht, die Wolllust, Erdbeben und Dürre waren in diesem Pantheon vertreten.

Nur: Diese Götter waren einsam. Sie sehnten sich nach Menschen, die ihnen dienen, die sie verehren würden. Also schickten sie Quetzalcoatl, den gefiederten Schlangengott, in die Unterwelt. In der aztekischen Vorstellung war die Erde eine Scheibe, die im Meer schwamm. Sie hatte die Form eines Krokodils oder eines Frosches, je nach Interpretation oder Übersetzung. Den vier Himmelsrichtungen waren spezifische Götter, Pflanzen, Tiere und Farben zugeordnet. Über der Erde stiegen die dreizehn Stufen des Himmels auf, unter ihr ging es neun Ebenen tief in die Unterwelt.

»Was wollt ihr denn mit Menschen?«, fragten die Herrscher der Unterwelt. »Habt ihr es nicht schon oft genug versucht?«

In der Tat waren vier frühere Versuche gescheitert oder vielmehr von den enttäuschten Göttern abgebrochen worden. Diese vier Menschenalter werden die vier »Sonnen« genannt, weil bei jedem Versuch ein anderer Gott die Rolle der Sonne einnahm. Der erste, der es versuchte, war Quetzalcoatls Bruder, der unheilvolle Tezcatlipoca. Quetzalcoatl schubste ihn kurzerhand vom Himmel, was Tezcatlipoca so wütend machte, dass er sich in einen Jaguar verwandelte und alle Menschen auffraß. Und natürlich beendete er postwendend den zweiten Versuch Quetzalcoatls mit einem gewaltigen Windsturm und verwandelte die wenigen überlebenden Menschen in Affen. Die dritte Sonne wurde von Tlaloc, dem Gott des Regens, geführt. Doch auch seine Menschen überlebten nicht, sie waren zu faul, um sich selbst am Leben zu erhalten. Stattdessen verlangten sie von den Göttern ständigen Nachschub an Nahrung und Schutz. »Ihr habt uns gemacht, nun sorgt auch für uns!« Die Götter schüttelten frustriert die Köpfe und fegten sie mit einem Feuersturm dahin. Die Überlebenden dieser Generation wurden in Vögel verwandelt. Die nächste Sonne wurde von der Göttin des Wassers übernommen, aber ihre Menschengeneration war zu sehr mit den eigenen Kämpfen und Streitigkeiten beschäftigt, um die Götter zu ehren, die sie deshalb folgerichtig in einer Sintflut ertränkte oder in Fische verwandelte. Diese Toten landeten in der Ebene der Unterwelt, die Tlaloc regiert und wo seither alle Ertrunkenen hinkommen.

Die Azteken glaubten, dass das Schicksal eines Menschen, und somit auch der Zeitpunkt und die Art seines Todes, von Geburt an vorbestimmt sind. Wie jemand gestorben ist und nicht wie er gelebt hat, entschied über sein Dasein im Jenseits. Anders als im Christentum konnte man sich den Zugang zum Paradies nicht durch gutes Verhalten im Leben verdienen. Nur für Künstler wurde eine Ausnahme gemacht. Diese wurden mit einem Kanu direkt ins Paradies gepaddelt, statt den mühseligen, von Mutproben und Prüfungen gezeichneten Weg zu Fuß zurückzulegen. Dasselbe Privileg genossen auch Mütter, die im Kindbett gestorben, und Krieger, die in der Schlacht gefallen waren. Und die Menschenopfer. Aber zu denen später.

Kleine Kinder haben ihr eigenes Paradies, in dem die Milch von den Bäumen tropft. Die Ertrunkenen, wie gesagt, teilen sich das nasse Paradies von Regengott Tlaloc mit den Opfern von Lepra und Blitzschlag. Alle anderen kommen in die neunte Ebene der Unterwelt, die Mictlan heißt. Die Reise dorthin dauert vier Jahre und stellt die wandernde Seele vor neun Prüfungen. Wenn diese bestanden sind, empfängt sie ein gelber Hund am Ufer eines Flusses und trägt sie hinüber ins Reich der Toten.

Dort, in Mictlan, lagerten damals, als Quetzalcoatl seine Reise antrat, auch die Knochen der letzten vier gescheiterten Versuche von Menschengenerationen. Die Herrscher der Unterwelt wollten sie jedoch nicht herausrücken. Erst stellten sie Quetzalcoatl auf die Probe: Viermal sollte er das Totenreich umrunden und dabei ein Muschelhorn blasen. Aber das Muschelhorn hatte gar kein Loch. Quetzalcoatl rief Würmer zu Hilfe, die Löcher in die harte Schale bohrten. Wespen und Hornissen, die im Inneren der Muschel so laut summten, dass man es bis ins Reich der Toten hören konnte. Doch die Herrscher der Unterwelt ließen sich immer noch nicht erweichen. Schließlich trickste Quetzalcoatl sie aus: »Lasst sie mich wenigstens sehen, diese alten Knochen!«, bettelte er.

»Na gut, wenn's sein muss …« Und Quetzalcoatl bückte sich, wickelte die Knochen blitzschnell in seinen Umhang und rannte davon. Die Götter der Unterwelt schickten ihm Wachteln nach, diese ungelenken, pummeligen kleinen Vögel, die immer zu vergessen scheinen, dass sie fliegen können. Quetzalcoatl rannte …

»Wie kann eine Schlange rennen?«, frage ich. »Und warum flog er nicht einfach den Wachteln davon, du hast doch gesagt, er hatte Federn?«

Victor schaut mich nur an.

»Quetzalcoatl ist ein Gott. Er hat viele Gestalten. ›Gefiederte Schlange‹ ist nur einer seiner Namen. Eine Frau, die Rose heißt, ist schließlich auch keine Rose.«

»Okay, schon gut.«

Quetzalcoatl stolperte also und fiel hin, ließ die Knochen fallen. Die Wachteln hackten mit ihren Schnäbeln in die Gebeine. Deshalb sind wir versehrt, nicht perfekt. Deshalb sind wir sterblich.

Quetzalcoatl versuchte erst, die Knochen säuberlich zu sortieren, aber dann sah er, dass ihm die Götter der Unterwelt auf den Fersen waren, die Wachteln sollten ihn nur aufhalten. Also raffte er die Knochen zusammen, ohne sie zu sortieren, wickelte sie wieder in seinen Umhang und floh. Dabei mischten sich die männlichen und weiblichen Gebeine. Deshalb sind sich die Geschlechter so ähnlich –

»Sind sie das?«, wundere ich mich.

»Na ja, unsere Vorfahren sahen sich schon recht ähnlich, flache Gesichter, lange Haare, gedrungene Körper …« Victor überlegt kurz. »Ja, im Grunde sind wir gleich. Ich denke, das ist der Grund, warum wir alle sowohl männliche wie weibliche Anteile haben, warum die Grenze zwischen den Geschlechtern fließend ist.«

Zurück zu Quetzalcoatl, der nun also erfolgreich die Knochen gestohlen hatte – aber Knochen allein machten ja noch keinen Menschen. Die früheren Generationen waren aus Lehm geformt, aus Holz geschnitzt, aus verschiedenen Materialien hergestellt. Und jedes einzelne dieser Experimente war gescheitert. Als Quetzalcoatl noch nachdachte, sah er eine Ameise ein Maiskorn vorbeitragen.

»Hey, was ist das?«, fragte er.

»Das ist Mais.«

»Was machst du damit?«

»Wir essen es, es ist sehr gut.«

»Oh – und wo kriegst du das her?«

»Es gehört uns, wir haben einen ganzen Berg voll davon, den Popocatepetl.«

»Kann ich was davon abhaben?«

»Nein – das gehört uns.«

»Ach, komm schon …!«

»Nein!« Die Ameise ließ sich nicht erweichen. Also zog Quetzalcoatl seine Kleider aus und verwandelte sich in eine schwarze Ameise, um in den Berg zu schleichen und den Mais zu stehlen. Dann rieb er die Maiskörner zu Mehl, aber er brauchte Flüssigkeit, um einen Teig anzurühren. Er nahm den Stachel einer Agavenpflanze und stach sich damit in den Penis. Mit seinem Blut rührte er den Teig an.

»Ich bin Ingenieur«, sagt Victor. »Ich bin ein analytischer Denker. Und doch kann ich nicht mit hundertprozentiger Sicherheit behaupten, dass ich nicht aus Mais gemacht bin.« Mais ist heilig. Es ist der Grund, warum Anhänger des toltekischen Glaubens ihre Haare nicht schneiden, die an Maisfäden erinnern sollen. Die gentechnischen Veränderungen, die Monsanto auch in diesen Breitengraden durchsetzt, haben in Mexiko eine besonders verheerende Bedeutung. Wieder wird mir bewusst, wie tief diese Tradition in diesem gebildeten und modernen Mann verwurzelt ist. Obwohl ich selbst als Kind eine kurze, aber heftige religiöse Phase hatte, freiwillig die Sonntagsschule besuchte und mit brennendem Interesse die biblischen Geschichten verschlang, waren sie nie mehr als das: Geschichten. Geschichten, die mich weniger geprägt haben als die russischen Romane, die ich später, während der Pubertät las. Geschichten, die nicht in meinem Bewusstsein verankert sind, die nichts mit meiner Identität zu tun haben.

Um diese neuen Menschen zum Leben zu erwecken, blies Quetzalcoatl in ihre Münder, er flüsterte ihnen zu. »Wach auf, du bist am Leben.«

»Deshalb ist das Wort für uns so wichtig«, erklärt Victor. »Unsere Priester, wenn du so willst, unsere Religionsführer werden deshalb *Tlatoani* genannt, ›die das Wort haben‹.«

In der aztekischen Tradition sind die Menschen nicht erschaffen worden, um die Welt zu beherrschen, sondern um die Götter zu ehren. Die Götter, die nach vier gescheiterten Versuchen noch einmal eine Generation Menschen ins Leben riefen. Die ihr Blut opferten, um sie zu erschaffen. Die jeden Tag die Sonne aufgehen ließen und den Mond und die Sterne. Die den Regen schickten.

Dieses Bewusstsein war ebenso tief verankert wie das Wissen, dass auch jene Sonne jederzeit untergehen konnte, und bildete den Nährboden für die fatalistische, halb optimistische Akzeptanz des Todes.

In einer der ältesten Aufzeichnungen aus der vorkolumbianischen Zeit, den »Legenden der Sonnen« aus den *Annalen von Cuauhtitlán* heißt es:

Und das ist nun die fünfte Sonne, die Sonne der Bewegung.
Die fünfte Sonne
4-Bewegung ist ihr Zeichen.
Man nennt sie die Sonne der Bewegung
Weil sie nicht stillsteht, sie geht ihren Weg
Und die Alten sagen, nun wird es Erdbeben geben
Nun wird es Hunger geben
Und so werden wir untergehen.
Im Jahr 13-Schilfrohr, so sagen sie,
wurde sie geschaffen, die Sonne, die jetzt existiert.
Das war, als es Licht wurde, als die Dämmerung kam
Die Sonne der Bewegung, die jetzt existiert.

Alles ist immer in Bewegung. Alles verändert sich ständig. Alles kann jeden Moment vorbei sein.

## DER TOD IST MEIN BEGLEITER

»Doppelter Espresso?«, ruft mir Bruce vom Kaffeestand zu. Ich nicke.

»Und ein Himbeer-Scone, bitte.«

Bruce kennt mich gut genug, um zu wissen, was ich

bestelle. Was anderswo eine Auszeichnung ist, hat hier einen bitteren Nachgeschmack. Bruces Kaffeestand befindet sich vor der Uniklinik in San Francisco. Hier will niemand Stammgast sein.

Ich bin zu oft hier. Finde mich zu gut zurecht, kenne den Seiteneingang zur Notaufnahme, den kürzesten Weg vom Labor zur Kardiologie, von der Apotheke zur Transplantationsabteilung. Ich weiß, auf welcher Parkebene immer Plätze frei sind und wo man den besten Espresso bekommt. Wenn Victor wieder einmal ein paar Tage bleiben muss, bleibe ich auch. Ich nutze diese kurzen Gänge, um frische Luft zu schnappen, Tageslicht zu tanken. Am Kaffeestand mischen sich Ärzte mit Patienten, Buchhalter mit Angehörigen und Busfahrern. Für einen kurzen Moment vergessen wir, warum wir hier sind, verlassen wir die unsichtbare Blase, die uns in unserer Sorge gefangen hält und von den anderen trennt.

Während Bruce meinen Pappbecher mit mindestens vier Espressi füllt, mustert er mich von der Seite.

»Auch wieder mal hier?«, fragt er unverbindlich. Wie ein guter Therapeut überlässt er es mir, was und wie viel ich ihm erzählen will. Ich zucke mit den Schultern.

»Nichts Großes diesmal.«

Nichts Großes, aber etwas Entscheidendes. Immer wieder schaue ich auf die Uhr. Der Eingriff dauert nun schon doppelt so lange, wie mir vorausgesagt wurde. Im Wartezimmer für Angehörige könnte ich seinen Status von einem Bildschirm ablesen. Aus Rücksicht auf die einen Eingriff erwartenden Patienten darf man dort weder essen noch trinken. Ich hocke mich also auf das Mäuerchen hinter dem Kaffeestand und starre auf mein Handy.

Keine Nachricht.

Warum dauert das so lange?

Was, wenn er stirbt? Er könnte sterben. Was, wenn er stirbt?

Der Gedanke ist einfach da. Der Gedanke ist immer da.

»Ich habe mich verliebt, und bevor du etwas sagst: Jeder muss mal sterben!«, verkündete ich vor gut fünf Jahren meiner Freundin.

»Was sind wir heute optimistisch!«, sagte sie und drückte mir ein Glas Wein in die Hand.

Seit ich ihn kenne, weiß ich von Victors »gesundheitlichen Herausforderungen«, wie es politisch korrekt heißt. Weiß ich, dass er mit geborgter Zeit lebt. Aber tun wir das nicht alle? Der Gedanke, dass er ziemlich sicher vor mir, lange vor mir sterben wird, begleitet mich von Anfang an. Auf die Frage, was er denn »habe«, antworte ich oft patzig: »Alles außer Krebs.« Was natürlich nicht ganz stimmt. Victor ist, was die Ärzte einen *casus fascinans* nennen, einen Patienten, den sie nicht verstehen. Die Kombination von Nierenversagen und Herzfehler hätte ihn schon längst umbringen müssen. Auch ohne die Schlaganfälle, Herzinfarkte, Hirnblutungen, ohne die Lungenentzündungen, die sein künstlich unterdrücktes Immunsystem aus simplen Erkältungen macht, ohne allergische Reaktionen auf seine etwa achtzehn verschiedenen Medikamente und auch ohne die Verkehrs- und Haushaltsunfälle, denen er mit schöner Regelmäßigkeit zum Opfer fällt. Seine Patientenakte ist so dick wie das Telefonbuch einer kleinen Stadt. Und trotzdem lebt er. Lebt er gut.

Er weigert sich, sein Leben, seine Arbeit und seine Stimmung von seiner Gesundheit bestimmen zu lassen. Beklagt sich vielleicht einmal im Jahr. Ansonsten ist er der lebenslustigste Mann, den ich kenne. Er malt, er kocht, er liebt, er unterhält, er flirtet mit uneingeschränkter Hingabe. Er lebt aus vollen Zügen.

»Der letzte Tag hat auch vierundzwanzig Stunden«, sagt er immer. »Und die letzte Stunde sechzig Minuten.« Und dann zeichnet er weiter.

Dasselbe hat er damals zu der zermürbten Sozialarbeiterin gesagt, die ihm das Krankenhaus gegen Ende seiner Dialysezeit vorbeischickte. Da hatte er nach Ansicht der Ärzte vielleicht noch zwei Monate zu leben. Kaum jemand überlebt mehr als drei oder vier Jahre Dialyse. Bei Victor waren es am Ende acht. Die Blutwäsche unterscheidet nicht zwischen Schad- und Nährstoffen. Sie führt zu einer knochentiefen Erschöpfung, frisst die Stunden, die Tage, das Leben auf. Viele brechen die Behandlung irgendwann ab. Manche kürzen diesen qualvollen Weg zum Tod auch selbst ab.

Dialysepatienten sind allein wegen der zeitlichen Beanspruchung durch die Behandlung arbeitsunfähig geschrieben und bekommen eine kleine Invalidenrente. Victor lehnte das ab, er wollte arbeiten. Er hat in diesen fürchterlichen Jahren fünf Metrostationen in Phoenix konzipiert und umgesetzt, die gefärbten Bodenplatten, die Mosaikwände über Land gefahren, die mobile Blutwäschemaschine neben der Werkzeugtasche im Truck. Er hat seine Frau gepflegt und er hat sie begraben. Er hat seine Freunde bekocht, er hat gemalt, er hat zwei junge Katzen adoptiert.

»Sie müssen sich mit dem Tod auseinandersetzen«, insistierte die Sozialarbeiterin damals. »Sie müssen Ihre Angelegenheiten in Ordnung bringen!« Verzweifelt schaute sie sich um. »Sie haben viel zu viel Zeug!«

Da sah Victor endlich vom Zeichentisch auf. »Zeug?«, fragte er. »Sie meinen Bücher? Sie meinen Bilder?«

So kam die Sozialarbeiterin offensichtlich nicht weiter. »Sie werden sterben!«, rief sie schließlich in ihrer Verzweiflung. »Sterben, verstehen Sie?«

Victor nickte. »Aber bis es so weit ist, kann ich ja noch ein Bild malen …«

*Arbeit und Struktur*, denke ich. Eine meiner Bibeln, das autobiografische Buch von Wolfgang Herrndorf, der nach seiner verheerenden Krebsdiagnose nicht etwa auf eine Insel reiste, um die wenigen ihm noch zugestandenen Monate am Strand zu verbringen. Stattdessen stellte er eines nach dem anderen seine unvollendeten, nie für gut genug befundenen Manuskripte fertig. Sein Hirntumor ließ ihm keine Zeit mehr, sich zu hinterfragen. Keine Zeit mehr für Selbstzweifel. Er arbeitete, er ging spazieren, er verliebte sich. Er schwamm, er verbrachte Zeit mit Freunden, er machte zum ersten Mal in seinem Erwachsenenleben Ferien. Sein Jugendroman *Tschick* wurde einer der erfolgreichsten überhaupt, verfilmt und preisgekrönt. Kaum damit fertig, nahm er sich sein nächstes unvollendetes Manuskript vor.

»Ein Jahr in der Hölle, aber auch ein tolles Jahr«, zog er zwölf Monate nach der Diagnose Bilanz. »Im Schnitt kaum glücklicher oder unglücklicher als vor der Diagnose, nur die Ausschläge nach beiden Seiten größer. Insgesamt vielleicht sogar ein bisschen glücklicher, weil ich so lebe, wie ich immer hätte leben sollen. Und es nie getan habe, außer vielleicht als Kind.«

Manchmal ärgert es mich, wenn mir vorgehalten wird, unsere Situation sei nichts Besonderes, jeder müsse schließlich mal sterben, niemand könne wissen, wie viel Zeit ihm noch bleibe. Obwohl – oder gerade weil – das natürlich stimmt. Nur können jene, die mir das vorhalten, dieses Bewusstsein nach Belieben wieder verdrängen. Das kann ich nicht.

»Hast du deinen Schlüssel?«, fragt Victor jedes Mal, wenn ich verreise.

»Nein«, sage ich dann trotzig. »Ich gehe davon aus, dass du mich abholst!«

Er seufzt. Aber er insistiert nicht. Ein halbes Jahr nach seiner Transplantation, als er dachte, er habe das Schlimmste hinter sich, versetzte ihn ein falsch eingestelltes Medikament ins Koma. Eine Freundin, die zu Besuch kam, fand ihn. Gerade noch rechtzeitig. Weil sie ihren Schlüssel dabeihatte. Ich kenne die Geschichte, ich verstehe sie und auch, warum etwa fünfzehn Hausschlüssel über die ganze Stadt verteilt sind. Doch gerade deshalb weigere ich mich, meinen Schlüssel mitzunehmen, wenn ich verreise.

Ich will davon ausgehen können, dass er noch da ist, wenn ich zurückkomme. Sonst könnte ich gar nicht erst gehen.

Warum gehe ich überhaupt? Wenn unsere Zeit so begrenzt ist?

»Du darfst dein Leben meinetwegen nicht anhalten«, sagt Victor. Und: »Du darfst mich nicht als Ausrede benutzen.«

Aber wir reden nicht oft über Victors Krankheiten. Sie nehmen auch so genug Platz in seinem Leben ein. *Muy very good* ist seine Standardantwort auf die Frage, wie es ihm gehe. Die Uniklinik an der Parnassus Avenue nennt er das »Parnassus Inn«. Und wenn er sich wieder mal länger dort aufgehalten hat, behauptet er manchmal auch, er sei in Paris gewesen. Warum über unangenehme Dinge reden? Warum sie in der Realität verankern?

Und er erwartet das auch von mir. Wenn Freunde mich fragen, wie es mir gehe, antworte ich oft für Victor: »Nicht so gut gerade. Victor hatte einen schlechten Bericht …«

»Ich habe gefragt, wie es DIR geht!«, kommt in solchen Fällen schon mal zurück.

Oder sie rufen gleich Victor an: »Um Gottes willen, was ist denn jetzt wieder los?«

»Nichts«, sagt er dann. »Mir geht es *muy very good*!«

Auch wenn die Erleuchteten und die Besserwisser recht haben: Früher konnte ich die ständige Nähe des Todes, das Bewusstsein, dass alles jederzeit ganz anders oder ganz zu Ende sein könnte, erfolgreich verdrängen. Ob das besser war, kann ich nicht sagen. Aber ich vermisse die Möglichkeit dazu, ich vermisse es, eine Wahl zu haben.

Das Bewusstsein, es könnte jederzeit zu Ende sein, relativiert vieles. Ich ärgere mich nicht über Kleinigkeiten. Ich genieße die unspektakulären Momente unseres Alltags. Eine Tasse Kaffee auf der Gartenbank in der Sonne, das Aufteilen der kiloschweren Sonntagszeitung, den Kulturteil für ihn, die Hochzeitsseite für mich. Die endlosen Kapriolen der Katzen, die Victor bis ins Detail kommentiert. Eine Fahrt ins Grüne, eine Fahrt ans Meer. Ich gehe spazieren, Victor bleibt im Auto und malt den Blick aus dem Seitenfenster. Das Klappern der Kochtöpfe, das mich beim Heimkommen begrüßt, die Gerüche aus der Küche, jede gemeinsame Mahlzeit.

Ich lebe so, »wie ich immer hätte leben sollen«.

Victor hat keine Lust zu sterben. Aber er fürchtet den Tod nicht. Als Künstler hat er Zugang zu einem besonders spektakulären Teil des Jenseits, den man mit einem Kanu erreicht. Künstler und Krieger sind da zugelassen und Mütter, die bei der Geburt gestorben sind. In diesem Teil des Himmels geht es recht weltlich zu.

»Oh, da kannst du alles haben. *Peyote*, bis er dir zu den Ohren rauskommt. Musik, Lieder, Gedichte, Tequila. Frauen …«

»Frauen?«

»Sophia Loren, Niki de Saint Phalle, Claudia Cardinale, Romy Schneider …«

Eine ganze Liste von Frauen. Er muss sich das gründlich überlegt haben.

»Sophia Loren lebt noch«, sage ich, etwas giftig vielleicht.

»Auch nicht ewig …«

Ich versuche, mir das vorzustellen. Wenn ich Victor irgendwo verliere, auf einer Party, einer Vernissage, dann suche ich einfach die größte Traube lachender Frauen. Und in ihrer Mitte finde ich ihn, zuverlässig, immer. So wird es also auch nach seinem Tod sein. Die glücklichen toten Frauen!

Nur – Moment mal …

»Woran wirst du sie denn erkennen?«, bohre ich nach. »Wenn ihr beide Skelette seid?«

»Sophia?« Jetzt duzt er sie schon. »An ihren Brüsten natürlich!«

»An ihren …? Seit wann hat ein Skelett …?«

Ich kann nicht anders. Ich muss lachen. Und ja, die Vorstellung, dass es ihm nach seinem Tod an nichts mangeln wird, tröstet mich.

»Glaubst du das?«, frage ich etwas später. »Glaubst du das wirklich?«

Victor lächelt. Mit der Gabel zeichnet er eine Art stilisierter Blume in die Tischdecke.

»Weißt du, was das ist?«

Ich schüttle den Kopf.

»Das ist ein Atom.«

Ich nicke etwas genervt. Jetzt bitte keinen Nerd-Vortrag, nur weil ich eine persönliche Frage gestellt habe!

»Niemand weiß, wie ein Atom wirklich aussieht«, fährt er fort. »Aber es hilft, eine Vorstellung davon zu haben, etwas, womit man arbeiten, etwas, worüber man reden kann.«

Ich nicke wieder. Victor legt die Gabel weg und schaut mich an.

»Mit dem Tod ist es genau so.«

Es hilft, eine Vorstellung zu haben.

## DIE KINDER SIND AUF DER JAGD

Vor langer Zeit, noch vor den Spaniern und vor den Azteken, gingen die Ureinwohner Mexikos zur Jagd. Die kleinsten Kinder, die noch nicht laufen konnten, ließen sie währenddessen zurück. Sie befestigten die Körbe, in denen sie schliefen, in den höheren Ästen der Bäume, damit sie vor wilden Tieren sicher waren.

Trotzdem waren die Körbe oft leer oder zerstört, wenn die Jäger zurückkamen. Die Kinder waren verschwunden. Von wilden Tieren verschleppt, gefressen. Doch die Jäger sahen das nicht so. Sie stellten sich vor, die Kinder seien in eine andere Dimension gewandert und dort auf ihre eigene Jagd gegangen. Sie vermissten ihre Kinder, aber sie trauerten nicht um sie, nicht so, wie wir es tun. Denn die Kinder waren ja auf der Jagd. Den Kindern ging es gut.

Sicherheitshalber brachten die Eltern zum nächsten Jagdbeginn Essen und kleine Geschenke mit. Opfergaben, die sie in denselben Bäumen befestigten. Nur für den Fall, dass ihre Kinder zurückkämen …

Diese Tradition wurde von den Ackerbauern übernommen und abgewandelt. Zur Zeit der Ernte, die mit der Jagdzeit zusammenfällt, errichteten sie einfache Altäre in allen vier Ecken ihrer Felder. Sie dekorierten sie, brachten Geschenke und Opfer dar, die schönsten Maiskolben. Ihr Dank galt den Vorfahren, die das Land urbar gemacht, die diese Felder vor ihnen bestellt hatten.

Nach der Kolonialisierung mussten die Bauern noch mehr Steuern zahlen als zuvor. Es war also wichtiger denn je, eine gute Ernte zu haben. Und dafür braucht man Wasser. Man muss also zum Tempel der Wassergöttin gehen und um Regen bitten. Und man muss den Ahnen danken.

Die indigene Kultur hat in Mexiko besser überlebt als in Nordamerika. Nahuatl ist eine Landessprache, die in Schulen gelehrt und von über zwei Millionen Mexikanern gesprochen wird. Das liegt vor allem daran, dass die Spanier die Azteken nur dank der bereits bestehenden Feindseligkeiten mit anderen Stämmen besiegen konnten. Sie mussten sich mit ihnen verbünden, sie mussten Kompromisse schließen. Deswegen erlaubten sie den Eingeborenen, ihre Zeremonien und Rituale weiter auszuführen, solange sie das »im Namen von Jesus Christus« taten. Die traditionellen Zeremonien wurden mit christlichen Prozessionen verbunden und finden oft in oder vor großen Kirchen statt – die strategisch auf den Tempelruinen errichtet wurden. Doch keiner der alten Bräuche ist derart verbreitet, derart verankert wie der Día de los Muertos.

Dieser Brauch hat die Azteken, die Spanier und Disney überlebt: Weil er den Menschen gehört, den einfachen Bürgern, den Bauern und Handwerkern – und das ist nun mal eine größere Bevölkerungsgruppe als die der Herrscher und der Priester. Sie sind es, die den Brauch am Leben erhalten. Sie interpretieren die Lehre der Priester auf ihre Art und passen sie ihren Bedürfnissen an.

Auf diese Weise hat sich die Tradition ständig verändert. Was geblieben ist, ist das unverbrüchliche Vertrauen, dass es den Toten gut geht. Dass sie, salopp gesagt, ihr eigenes Ding durchziehen. Dass sie ihre eigenen Träume jagen.

# 2. DIE BLUMEN

## NUR DEN DUFT NIMMT MAN MIT

> Unser Körper ist eine Blume
> Wie das Gras im Frühjahr grünt
> sprießen Knospen aus unseren Herzen
> Manche erblühen, manche vertrocknen
> Und dann verwelken sie …
> *Cantares Mexicanos*

In San Francisco beginnen wir den Feiertag auf dem Blumenmarkt. Er liegt nahe der Autobahnausfahrt und ist öffentlich zugänglich. Ich fahre ständig daran vorbei und halte doch nie an. Bis es wieder Ende Oktober ist. Jedes Jahr denke ich dasselbe: Warum kommen wir nicht öfter hierher? Verzaubert schlendere ich durch die endlosen Hallen – Rosen, Hyazinthen, Hortensien, Lilien … Die Farben flimmern, die Düfte überlagern sich. Fehlt nur Kim Novak im fliederfarbenen Kostüm, die ein Bouquet für einen Geist aussucht.

Der Duft von Blumen ist fast das Einzige, das man aus

diesem Leben ins nächste mitnehmen kann. Den Duft von Blumen, die Erinnerungen an Freunde und Lieder. Das sind die Dinge, die bleiben. Deshalb müssen die Blumen für den Altar besonders stark riechen. Victor ist am Eingang stehen geblieben, wo drei oder vier Verkäufer heute nichts anderes anbieten als die burschikosen, leuchtenden mexikanischen Ringelblumen, die *Cempasúchil*. Die gelben und orangefarbenen Blüten verströmen einen intensiven, harzigen Geruch. Victor unterhält sich mit einem der Verkäufer, einem älteren Mann, der eine halb gerauchte, erloschene Zigarette an der Unterlippe kleben hat, als sei sie dort angewachsen.

»Wo kommst du her?«, ist immer die erste Frage. Selbst Blumen kauft er lieber von einem Nachbarn. Ich halte mich ein wenig abseits, ich spreche immer noch kein Spanisch, nach all den Jahren nicht. Ist es Trotz? Immerhin verstehe ich schon mehr, als Victor manchmal lieb ist. Dass wir auf den ersten Blick als ein »interkulturelles« Paar erkannt werden, war mir lange nicht bewusst, und wenn Victor es ansprach, wischte ich es weg. »Die Leute schauen uns an, weil wir so glücklich aussehen«, sagte ich. Ich war naiv. Vielleicht, weil mir Victor trotz aller offensichtlicher Unterschiede vertrauter ist als Männer aus meinem eigenen Kulturkreis? Vielleicht auch, weil Victor mich an meine Freundin Pie erinnert, die in Deutschland aufgewachsen ist, einen komplett anderen Hintergrund hat als er und ihm in so vielem ähnlich ist. Sie teilen ihre Einstellung zum Leben, zur Kunst, zum Kranksein, zum Kochen, zum Gärtnern bis hin zu einer schwer nachvollziehbaren Vorliebe für eine deutsche Comedysendung namens *Knallerfrauen*. Außerdem lebt Victor in San Francisco, der tolerantesten Stadt der Vereinigten Staaten, dem Geburtsort der politischen Korrektheit, da spielt so etwas keine Rolle.

Sollte man meinen. Die letzten Jahre mit ihm haben mich eines Besseren – oder Schlechteren – belehrt. Ich bin misstrauisch geworden, auf rassistische Anfeindungen ebenso gefasst wie auf Indianerromantik-Klischees.

»Eine deutsche Freundin hat meiner Mutter einmal einen Strauß Ringelblumen mitgebracht«, erzählt Victor gerade dem Blumenverkäufer. War das dieselbe deutsche Freundin, die ihren Zucker-Totenkopf verschmähte, frage ich mich. Oder eine andere?

Egal.

»Die war vielleicht wütend!« Die Mutter. ›So ist das also‹, schimpfte sie. ›Deine Freundin will mich tot sehen!‹«

Der Mann lacht, ich schneide ein Gesicht, nicht, dass er denkt, Victor rede von mir.

Sorgfältig wählt Victor die Blumen aus, die für mich alle gleich aussehen. Es gibt durchaus schönere Blumen als die immer etwas zerzaust wirkende mexikanische Ringelblume. Wenn ich mal tot bin, wünsche ich mir Mohn auf meinem Altar, denke ich. Nachdem Victor seine Wahl getroffen hat, wickelt der Verkäufer die Sträuße in Zeitungspapier ein. Unterdessen hat sich der Markt gefüllt, wir sind nicht die Einzigen, die gleich beim Eingang stehen bleiben und die nur die Ringelblumen wollen. Wir sind nicht die Einzigen, die sich auf das Fest heute Abend mit ihren Muertitos vorbereiten. Wir tragen die in Zeitung gewickelten Blumenpakete zum Truck, legen sie auf die Ladefläche und decken sie mit einem feuchten Tuch zu. Dann gehen wir frühstücken. Am Ende des Blumenmarktes befindet sich ein altmodischer amerikanischer Diner, den wir auch nur einmal im Jahr aufsuchen, eines der vielen kleinen Nebenrituale, die sich um das eine große ranken.

Ich halte mir meine Hände vors Gesicht und atme den

würzigen Geruch ein, den die harzigen Blumenstiele hinterlassen haben.

»Braucht man die Ringelblumen deshalb für den Altar, weil sie so stark riechen?«, frage ich. Denke wieder an den fragilen, vergänglichen und komplett duftfreien Mohn, meine Lieblingsblume. »Oder weil sie so robust sind, dass man sie tagelang stehen lassen kann?«

Victor zuckt mit den Schultern. »Ach nein, die blühen einfach zu dieser Zeit, die Ringelblumen und die dunkelroten Samtblumen. Die kann man auch verwenden, aber ich hab sie jetzt auf dem Markt nicht gesehen. Früher pflanzte man sie auch als natürlichen Schutz vor Schädlingen in alle vier Ecken eines Maisfeldes.« Das Spirituelle wurzelt im Praktischen. Das vergesse ich immer wieder. Ich suche nach einem tieferen Sinn, wo keiner ist, und verpasse ihn an anderer Stelle.

Zu Hause packen wir die Blumen aus und sortieren sie. Wir füllen Vasen, die wir auf den Altar stellen, wir schneiden ihnen die Köpfe ab, um Verzierungen zu legen und einen Weg zum Fenster. Damit unsere Toten den Altar auch finden. So sichert man sich gegen allfällige Vorwürfe ab. Dass die Toten nicht meckern. »Ich wär ja schon gekommen, aber ich hab den Weg nicht gefunden …«

»Jeder hat solche Verwandten«, sagt Victor. »Die Toten sind schließlich keine Heiligen!«

»Und was ist mit den Blumenmosaiken?«

Wir schauen uns an und müssen lachen. Wir denken beide dasselbe. »Die Höllenhündin!« *The bitch from hell.* Auf Englisch klingt das allerdings etwas weniger mittelalterlich. Und etwas weniger freundlich.

Vor ein paar Jahren halfen wir bei einer Installation in einer Galerie in San Francisco mit. Eine bekannte und respektierte amerikanische Künstlerin hatte sich mit dem Nachlass eines mexikanischen Architekten befasst, der von einem Schweizer Museum aufgekauft und unter Verschluss gehalten wurde. Da aber ein paar Protestbriefe in einer Vitrine noch keine Ausstellung ausmachen, engagierte sie zwei mexikanische Arbeiter, die ein raumfüllendes, kreisrundes Blumenmosaik nach ihrem Entwurf legten. Zur Ehrung des Architekten und seiner Kultur. Dieses Mosaik bestand aus gefärbtem Sägemehl, echten Blütenköpfen und solchen aus Plastik und Krepppapier. Da sie es unterlassen hatte, sich rechtzeitig um die Einreisepapiere ihrer Arbeiter zu kümmern, stellte ihr die Galerie mit Victor und dem Kunstdrucker Calixto Robles zwei eigenständige und anerkannte mexikanische Künstler zur Verfügung, die mit dieser Tradition aufgewachsen waren. Plus eine fleißige Schweizer Hilfsarbeiterin: mich. Zwei Tage lang machte die Arbeit Spaß. Victor hatte als *Imaginero* die traditionelle Mosaiklegekunst gelernt. Während er als menschlicher Zirkel mit Schnüren und Kreiden den Raum durchschritt und die Skizze auf den Fußboden übertrug, spielte ich mit den kitschigen Plastikblüten, atmete den überwältigenden Duft der Ringelblumen ein. Ich versank in der repetitiven, meditativen Arbeit. Gesegnete Tage.

Als die Künstlerin aus New York kam, machte sie sofort eine Szene. Das Mosaik – wohlgemerkt nach ihren Plänen gelegt – sei nicht »traditionell«, nicht »mexikanisch«, so etwas habe sie noch nie gesehen. Ironischerweise richtete sie ihre Vorwürfe an mich, die einzige Weiße im Raum. Die beiden mexikanischen Künstler ignorierte sie konsequent. Sie, die gegen den Kulturraub durch eine Schweizer Institution protestierte, wollte nur mit der Schweizerin reden. Ich konnte sie noch so oft und immer weniger höflich darauf hinweisen, dass ihr zwei ausgewiesene Vertreter der mexikanischen Kultur zur Seite standen. Mit braunen Männern gab sich diese Frau nicht ab. Ironie wird an amerikanischen Eliteuniversitäten nicht gelehrt.

Da war er wieder, der unverhohlene Rassismus der gebildeten Amerikaner. Diese einzigartige Dummheit, es gibt kein anderes Wort dafür, die an elitären Erziehungsinstituten herangezüchtet wird. Noch heute winde ich mich vor Verlegenheit, wenn ich an einen längst vergangenen Abend in einer Bar in San Francisco zurückdenke. Ich war mit einer Freundin unterwegs, einer Dokumentarfilmerin, deren Arbeit mit Jugendlichen verschiedener Religionen bereits Preise gewonnen hatte. Sie war als Tochter lesbischer Mütter aufgewachsen und hatte eine der angesehensten Universitäten des Landes besucht. Faszinierende und inspirierende Gesellschaft – bis wir von zwei Elektrikern aus Frankreich angesprochen wurden, die hier das marode privatisierte Elektrizitätswerk beraten sollten. Einer von ihnen war dunkelhäutig, der andere hatte einen russischen Nachnamen. Da war es um meine Freundin geschehen: »Oh, jetzt verstehe ich warum ihr so nett seid, so menschlich, so offen! Die Franzosen, speziell die Pariser, sind ja so was von hochnäsig! Aber aus dir scheint eben die Sonne Afrikas! Und du verströmst die Wärme von Mütterchen Russland!« Den Tränen nahe griff sie nach den Händen der beiden Männer, die sich blitzschnell aus dem Staub machten. Bevor ich mich bei ihnen entschuldigen konnte.

Es gibt keinen ekligeren Rassismus als den kultivierten. Weil er sich versteckt. Weil er hinter der Maske der Hochanständigkeit, des politischen Bewusstseins, der Geschichtskundigkeit ungestört modern kann.

»Das Blumenmosaik ist also Teil eines religiösen Rituals und keine öffentliche Form der Totenehrung«, fasse ich zusammen. »Warum wusste die Künstlerin das nicht?«

»Mangel an Demut«, sagt Victor. »Die Weigerung, sich auf eine fremde Kultur einzulassen.« Er zögert kurz, zuckt mit den Schultern: »Andererseits … Wenn ich ehrlich bin, kann ich mir vorstellen, wie es dazu gekommen ist. Sie hat in Mexico City recherchiert, sich dort die Totenmärkte angeschaut, und die blumengeschmückten Ornamente haben ihr einfach gefallen. Sie wird sich erkundigt haben, ob man die auch größer haben könne, wer die herstelle und ob diese Person bereit wäre, mit ihr nach Amerika oder Europa zu fliegen, um so etwas zu installieren. Da sagt niemand: ›Tut mir leid, Ma'am, aber das Mosaik ist Teil einer religiösen Zeremonie, das gehört nicht in eine Ausstellung!‹ Nein, man sagt: *›Yes Ma'm, of course Ma'm.‹*«

Das kann ich nachvollziehen. Trotzdem ärgert es mich, vielleicht mehr als Victor selber. Er grinst: »Außerdem sagen wir Mexikaner nicht gerne Nein. Das ist nicht unsere Art. Wir sagen lieber Ja. Aus Höflichkeit, oder weil wir uns nicht auf eine Diskussion einlassen wollen. Wir haben so eine Redensart: Hinter diesem kleinen Hügel. Geht es hier lang zur Kirche? Ist das der direkte Weg zum Flughafen? – Oh ja, gleich hinter diesem kleinen Hügel … Das sagen wir, wenn wir die Antwort nicht wissen. Wir weisen nicht gern jemanden zurück. Wir sagen lieber Ja, selbst wenn wir Nein meinen. Das macht das Leben einfacher.«

Ach ja? Für wen? Ich schweige einen langen Moment.

»Das erklärt allerdings einiges«, sage ich schließlich.

## EIN RITUAL IST KEINE PARTY

»Und was hat es nun mit dem Ritual auf sich?«, will ich wissen. Victor zögert. Er erzählt mir nicht viel von seiner Tradition, von den konkreten Elementen, den Ritualen und Zeremonien. »Unsere Tradition beruht auf unserem

Alltag, unserer Landwirtschaft, unserer Geschichte. Sie macht nur für uns Sinn. Wir haben kein Geheimrezept, keinen Schleichweg zur Erleuchtung. Was nützen dir also die Details?«

Ich schätze es, dass er sich nicht als Guru oder als Heiler aufspielt. Ich kann unterdessen nicht mehr an beiden Händen abzählen, wie viele Männer sich mir in Santa Fe schon als Schamanen vorgestellt, mir Zugang zu versteckten Teilen meiner Seele versprochen und die Teilnahme an geheimen Ritualen in Aussicht gestellt haben.

Ich habe eine Neigung, auf solche Heilsversprechen hereinzufallen, doch eine Reihe einschlägiger Erfahrungen haben meine Skepsis erhöht, meinen Spürsinn geschärft.

»Ich frage nur für das Buch«, sage ich scheinheilig. Es funktioniert. Victor nickt.

»Also gut«, sagt er. »Zuerst musst du verstehen, wie unsere Gruppen aufgebaut sind. Wir sind keine Kirchen, keine spirituellen Vereinigungen. Wir sind eine Art mystische Orden, in Zünften organisiert, die man *Mesa* nennt – ich gehöre der *Mesa de la Virgen de los Dolores* an, die damals von Andrès Segura geleitet wurde. Man nennt ihn den *Capitàn*, den Hauptmann – in den Fünfzigerjahren wurden diese Orden militärisch strukturiert, die einzelnen Positionen wurden nach militärischen Rängen benannt. Der Feldwebel zum Beispiel ist der, welcher bei den Prozessionen und Tänzen für Ordnung sorgt, der auch eine Werkzeugtasche dabei hat, um ein paar Sandalen oder eine Laute zu reparieren. Die sind oft als Clowns verkleidet, aber in Wirklichkeit sind sie wichtige Heiler. Das Formale ist wichtig – und wird doch immer mit einem Augenzwinkern ausgeführt. So nannte ich meinen ›Hauptmann‹ Andrès einfach meinen *Padrino*, meinen Paten.

Man nennt uns *Concheros*, weil wir die *Concha* spielen, eine Laute, die aus einem Gürteltierpanzer hergestellt wird. Seit den Fünfzigerjahren werden auch Mandolinen verwendet, einfach, weil es nicht mehr so viele Gürteltiere gibt.«

Als Victor fünf Jahre alt war, wurden ihm im Krankenhaus in Mexico City die Mandeln entfernt. Bei dieser Gelegenheit stellten die Ärzte fest, dass er an einem bei Kindern sehr seltenen Herzfehler litt. Weitere Untersuchungen brachten Verletzungen an den Tag, die ihm von seiner Mutter zugefügt worden waren. Die Ärzte kamen zum Schluss, dass seine Herzrhythmusstörung angstbedingt war, und bestimmten, dass das Kind bei der Großmutter leben sollte.

Das war damals, Ende der Fünfzigerjahre, eine seltene und ernste Maßnahme. Victors Großmutter lebte traditionell. Als Erstes brachte sie den Buben zum Schamanen. Eine Zeremonie wurde durchgeführt, Victor wurde zunächst geheilt. »Der Junge hat Hitze in den Händen«, sagte der Heiler. »Er ist einer von uns.« So wurde Victor bereits als Kind dieser Gruppe zugesprochen. Es ist nicht unüblich, dass auch Familien, die nicht gerade traditionell leben, eines ihrer Kinder einer solchen Gruppe anvertrauen.

»Ich war tief beeindruckt«, erinnert er sich. »Die waren so nett. Aber sie waren auch imposant, sie sahen wie die Tonfiguren aus, die ich im Museum gesehen hatte. Ich wollte unbedingt zu ihnen gehören.«

Für Victors Alltag hatte das vorerst keine weitere Bedeutung, außer dass er sich die Haare nicht schneiden durfte. Kaum wurde er wieder zu seiner Familie geschickt, schor ihm die rachsüchtige, ihre indigene Herkunft verachtende Mutter seine Haare raspelkurz. Als Jugendlicher besuchte er die Zeremonien als Zuschauer. Er erinnert sich, dass Andrès Segura ihn einmal direkt ansprach: »Vergiss nicht, du bist einer von uns«, sagte er. »Du wirst von uns lernen, und dafür brauchst du Disziplin.«

»Das hat mir tiefen Eindruck gemacht. So etwas vergisst man nicht.« Victor schloss Schule und Militärdienst ab, verließ seine Familie, schlug sich als Lehrer und Künstler durch. Eines Tages standen die *Concheros* vor seiner Tür und holten ihn zu seiner ersten Zeremonie ab. »Vier Tage und Nächte durchtanzen, da weißt du gleich, was dir die Tradition abverlangt … Aber am Ende dieser vier Tage begann es zu regnen.«

Die Zeremonien werden *Obligaciones*, Verpflichtungen, genannt. »Wir sind zutiefst davon überzeugt, dass das, was wir machen, die Zeremonien, die Rituale, die Tänze, der Gemeinschaft helfen. Dass wir dafür verantwortlich sind, dass die Sonne aufgeht, der Regen niederprasselt, die Ernte gelingt.« Victor zuckt mit den Schultern, so ist es nun mal.

»Unsere Gruppe war sehr streng, was das Einhalten der Traditionen anging. Das ist nicht überall so, aber mir war das recht. Ich kannte das ja von meiner Großmutter.« Die mystischen Orden stammen von den ursprünglichen Clans ab, dem Coyote-Clan, dem Adler-Clan und so weiter, und haben sich über die Jahrhunderte weiterentwickelt und verändert. Manche *Mesas* sind heute dem Katholizismus näher als der indigenen Tradition.

Das schamanistische Ritual, das am Día de los Muertos durchgeführt wird, verhält sich zur Familienfeier so wie die Christmesse zum Heiligabend zu Hause. Es folgt einer strengen Liturgie. Das Anzünden der Kerzen, das Legen des Blumenmosaiks, das Verzieren des Kreuzes mit Blumen, das Verzieren und Aufrichten der Speere und Pfeile und das Reinigungsritual mit Kopal, einem Baumharz, das wie Weihrauch verbrannt wird.

Für jeden Schritt der Ausführung werden zwei Mitglieder bestimmt, üblicherweise ein Mann und eine Frau. Frauen sind in dieser Tradition absolut gleichgestellt, sie führen Gruppen an, sie leiten Zeremonien. Die Aufgaben werden immer wieder neu verteilt. So kann sich niemand an die Macht gewöhnen.

»Unsere Tradition bietet nicht viel Nährboden für das Ego«, sagt Victor schulterzuckend.

»Hast du mir nicht von den Machtkämpfen erzählt, die nach Andrès' Tod ausgebrochen sind?«

»Was soll ich sagen, wir sind alle nur Menschen.« Victor lacht. »Wir liebten die Aufmerksamkeit ein bisschen zu sehr – die Bücher von Carlos Castañeda, das Interesse des Westens, der Amerikaner, schöne Frauen mit Kameras ... Andrès sagte mal zu einem Anführer einer anderen *Conchero*-Gruppe: ›Hättest du nicht lieber in jeder amerikanischen Universitätsbibliothek ein Buch über dich stehen, als in jeder amerikanischen Universitätsstadt ein uneheliches Kind zu unterstützen?‹« Victor lacht wieder.

Die Tatsache, dass er so offen über die Fehlbarkeiten – nicht seiner Tradition, aber ihrer menschlichen Vertreter – redet, nimmt mich für ihn ein. Seit ich mich mehr oder weniger öffentlich zum Zenbuddhismus bekenne, schicken mir wohlmeinende Freunde ständig Medienberichte über korrupte, übergriffige oder auch nur trinkfreudige Zenmeister zu. »Buddhisten sind auch Menschen«, sage ich dann. Und ich habe mir bewusst Lehrerinnen gesucht, die ihre Menschlichkeit, ihre Fehlbarkeit nicht hinter einer Maske der Erleuchtung verstecken. Sie hätten sich vermutlich auch mit Andrès Segura verstanden.

»Wir beginnen damit, die Vorfahren aus allen vier Himmelsrichtungen anzurufen. Meine Großmutter hat es mir so erklärt, dass wir ja nicht genau wissen, wo sich unsere Ahnen aufhalten. Deshalb rufen wir in alle vier Himmelsrichtungen, um sicher zu sein, dass wir sie alle erreichen. Danach beginnen die Gesänge, jemand wird bestimmt, um die Blumen zu schneiden und in Körben zu arrangieren. Der nächste Schritt ist, die Blumen zu heiligen Formen zu legen:

das Symbol für Erdbeben zum Beispiel, das sieht aus wie eine große Olive. Oder das Kreuz, nicht das christliche, sondern das alte Symbol für Mais. Jedes Mal, wenn du einen Schritt ausgeführt hast, musst du eine kurze Rede halten. ›Ich danke für die Ehre, dass ich trotz meiner unendlichen Ungeschicklichkeit ausgewählt wurde. Ich entschuldige mich für die armselige Arbeit, die ich geleistet habe. Aber ich gab mein Bestes, mit meinem ganzen Herzen.‹ Jedes Wort drückt Bescheidenheit und Demut aus: Mit eurer Hilfe können wir unsere Verpflichtungen erfüllen. Denn das sind unsere Rituale: Verpflichtungen.

Die Kerzen werden angezündet. Während der ganzen Zeremonie wird gesungen und Musik gespielt. So werden die Blumen, die Kerzen, die *Ofrendas* von unseren Liedern getränkt. Weil es nur die Lieder sind, welche die Toten ins Jenseits mitnehmen können. Die Lieder, die Freundschaft und den Duft der Blumen … Wir haben ein Liederbuch mit den *Alabanzas*, den religiösen Gesängen. Es sind dieselben Melodien, zu denen wir tanzen, aber zu diesem Anlass werden sie gesungen. Oft auf Spanisch, aber auch auf Nahuatl. So sagt einer der Häuptlinge zum Beispiel: ›*Compadrito* Juanito, tust du uns den Gefallen und singst etwas?‹«

Anfangs dachte ich, Victor meine einen Landsmann, wenn er jemanden seinen *Compadre* nannte. Tatsächlich bezeichnet der Begriff aber auch einen Menschen, der derselben Tradition, derselben religiösen Gemeinschaft angehört. »Das ist wie eine Familie. Du gehst dir gegenseitig auf die Nerven, du bist dir nicht immer einig, aber du hältst zusammen. Du bist füreinander da.«

Der so Bestimmte wählt ein Lied und spielt die ersten Akkorde, er leitet den Gesang, bis alle einstimmen. »Und nur, während gesungen wird, kann man einen weiteren Schritt des Rituals ausführen. Wenn nicht gesungen wird,

wird gewartet. Während die größte Kerze auf dem Altar angezündet wird, singt man alle Namen der jetzigen und vergangenen Anführer der Tradition, der Ahnenhäuptlinge … Das ist eine sehr lange Liste, aber wir haben ja die ganze Nacht. Die ganze Zeremonie dauert etwa zwölf Stunden.

Jede Gruppe hat ihren Tempel, und jede Gruppe führt ihr eigenes Ritual durch. Man lädt aber Mitglieder anderer Gruppen ein, teilzunehmen und zu helfen. Das ist auch eine politische Angelegenheit: So sandte Andrès mich oft aus zu anderen Gruppen, weil ich ein Flaggenträger war. Das war eine hohe Ehre, die sie verpflichtete, beim nächsten Mal mindestens vier Leute zu unserer Zeremonie zu schicken.

Manchmal unterbricht der Gastgeber: »Zeit für eine Pause, wir offerieren euch jetzt einen Schluck warmes Wasser und ein Salzkorn.«

Das ist zum Glück nicht wörtlich gemeint, es gibt Kaffee und süße Brötchen.

Manche der älteren Häuptlinge erzählen Geschichten, statt zu singen. Die nennt man *Palabras*. Ich habe diese Geschichten immer geliebt, die Geschichten über unsere Tradition, über vergangene Zeiten, warum wir dies oder jenes so oder anders machen. Vielleicht, weil ich immer wusste, dass ich irgendwann gehen würde. Nur der oberste Häuptling, der General, hat dieses Privileg. Sobald er beschließt, Geschichten zu erzählen, hörst du zu, und wenn es die ganze Nacht dauert. Während der *Palabras* wird das Ritual nicht fortgesetzt, weil dann keine Musik gespielt wird.

Manche mochten das nicht, sie wollten lieber die *Alabanzas* singen. Aber ich frohlockte, ich wollte die Geschichten hören und alles über unsere Tradition lernen. Andrès wusste, wie sehr ich diese alten Geschichten liebe.

MEZCAL
CON GUSANO
Monte
Alban
100% AGAVE
Regional de
Oaxaca
WITH AGAVE WORM

In unserer Gruppe gibt es die Rolle des ›Garten der Tradition‹. Die sollte ich einnehmen. Deshalb sagte er: ›Setz dich hierher, hör zu.‹ Ich war wie ein Schwamm, ich sog alles auf.«

Victor schweigt. Vermisst er seine *Compadritos*, seine Gruppe, die klare und tröstliche Struktur der Zeremonien? Ich wage nicht, ihn danach zu fragen. Als hätte er meine Gedanken gelesen, fährt er fort: »Andrès hatte mich zu seinem Nachfolger bestimmt. Aber ich sagte ihm, ich bin kein Heiler, ich bin Künstler. Ich muss hier weg. Als Künstler hast du in Mexiko nur eine Chance, wenn du aus der Oberschicht kommst. Andrès wusste das, er akzeptierte meine Entscheidung. Er meinte, ich könne der Tradition auch durch die Kunst dienen.«

Ich versuche mir vorzustellen, wie es sich anfühlen muss, mit so unerschütterlicher Gewissheit dazuzugehören. Zu einer Gruppe, zu einer Tradition, aber auch zu einem Land, zu einer Erde, zu einem Maisfeld. Wie verlässt man so etwas?

Nicht ganz freiwillig.

## DAS LEBEN TRÄUMEN

> Es ist nicht wahr, es ist nicht wahr
> Dass wir gekommen sind, um hier zu leben.
> Nur zum Schlafen kommen wir
> Nur zum Träumen kommen wir
> *Cantares Mexicanos*

In Nahuatl heißt träumen *cochtemictli*, wörtlich übersetzt »der kleine Tod«. Miquiztli, der Tod, setzt sich aus dem Verb *ìxitia*, aufwachen und *Mictlan*, das Reich des Todes, wörtlich der Ort der Ruhe zusammen. Der Tod ist also nicht ein Einschlafen, nicht das Ende, das Austreten aus einer Realität, sondern im Gegenteil ein Eintreten, ein Neubeginn, ein Aufwachen. Dann ist das, was wir als Realität, als unser wahres Leben empfinden, in Wirklichkeit ein Traum?

Analog zu den dreizehn Ebenen des Himmels und den neun Unterwelten geht man in der toltekischen Vorstellung von dreizehn parallelen Realitäten aus, die jeder einzelne Mensch im selben Körper bewohnt. Nach seinem Tod hat er Zugang zu neun weiteren Dimensionen, in denen er seine irdische Hülle nicht mehr braucht.

Die Vorstellung fasziniert mich, auch wenn mich die schiere Anzahl der Parallelwelten schwindlig macht. Als Schriftstellerin kenne ich das Gefühl, mit einem Fuß in einer anderen Realität zu stehen, die sich genauso wahr anfühlt wie die, in der ich lebe. Überhaupt, wer kennt nicht diese plötzliche Gewissheit: Hier war ich schon mal. Genau das hab ich schon mal gehört, an einem anderen Ort, in einem anderen Zusammenhang. Wer ist nie beglückt und erfrischt aufgewacht, als hätte er den Schwumm im eiskalten Bergsee nicht nur geträumt, sondern wirklich erlebt?

Im Traum sind die Grenzen zwischen den verschiedenen Realitätsebenen durchlässig. Im Traum, im Rausch, im Schreiben, in der Kunst. In der Meditation, im Tagträumen, Innehalten, wenn uns langweilig ist. So wie man ein Vexierbild nur erkennt, wenn man den Blick nicht fixiert, so kann man nicht von einer Realität in die andere treten, wenn der Geist angespannt ist. Seit mir das klar ist, rege ich mich nicht mehr auf, wenn ich wieder einmal minutenlang in den offenen Kühlschrank starre und komplett vergessen habe, was ich da ursprünglich suchte. Ich schaue durch den Kühlschrank hindurch, ich suche etwas anderes. Und deshalb wundert es mich auch nicht, dass die psychedelische, interaktive Kunstinstallation *The House of Eternal Return* vom Kollektiv Meow Wolf in Santa Fe genau solche banalen Alltagsgeräte wie den Kühlschrank oder die Waschmaschine als Portale in eine andere Welt anbietet.

In der toltekischen Tradition sind Träume so real, so bedeutsam wie die Zeit, die wir im Wachzustand verbringen.

»Denk mal darüber nach, wie viel Zeit deines Lebens du schlafend, träumend verbringst«, sagt Victor. »Es gibt keinen Grund, warum diese Erlebnisse, diese Abenteuer nicht ebenso real sein sollten wie die im Wachzustand. Das ist genauso Teil deines Lebens wie alles andere.«

Die Tatsache, dass ich mich nur selten an meine Träume erinnern kann, dass ich oft nicht einmal weiß, ob ich überhaupt geträumt habe, irritiert ihn.

Es gibt allerdings zwei, drei Träume, die ich mein Leben lang nicht vergessen habe. Die mich tatsächlich geprägt haben wie reale Erlebnisse. Als mein älterer Sohn noch klein war, träumte ich, wir spielten draußen im Regen. Die Regentropfen waren groß wie Tennisbälle. Aufgeregt lachend rannten wir hin und her und versuchten sie mit der offenen Hand zu fangen wie Seifenblasen. Doch die Tropfen zersprangen, sobald sie unsere Handflächen berührten. Sie platzten und entließen ein Wort. BAUM! Die Buchstaben stiegen in den Himmel auf, gleichzeitig wuchs ein kleiner Baum aus meiner Handfläche.

WOLKE! SCHOKOLADE! BLAU!

Ich habe nie ein stärkeres Glücksgefühl erlebt als in diesem Traum. Und jedes Mal, wenn ich meinen Laptop aufklappe, mein Notizbuch aufschlage, hallt es in mir nach. Das Glück, die richtigen Worte zu finden.

Meist jedoch wache ich auf, wenn der letzte Zipfel meines Traumes zwischen den Bettlaken verschwindet.

Manchmal weiß ich nicht mal, ob ich überhaupt geträumt habe. Ich wache mit einem unbestimmten Wohlgefühl oder Unbehagen auf, aber wo das herkommt? Das weiß ich nicht mehr.

»Das zeugt von mangelndem Interesse«, sagt Victor streng. »Stell dir vor, ich wüsste nicht mehr, was wir in Santa Fe zusammen erlebt haben, nur weil wir jetzt gerade nicht dort sind. Was würdest du dann denken? Dass mich das nicht genug interessiert, oder?«

Victor erinnert sich an seine Träume, bis in die Kindheit zurück. »Ich spule sie zurück wie einen Film, ich suche eine bestimmte Stelle und tauche dort wieder ein. Ich erinnere mich in derselben Qualität an meine Träume wie an wache Erlebnisse.

Meine Kunst kommt aus meinen Träumen. Die besten Installationen, die besten Theaterstücke habe ich geträumt.

Als Kind träumte ich, dass ich mit meinen Eltern im Auto von Cuernavaca nach Mexico City fuhr. Und plötzlich war da mitten in der Landschaft eine Art Jahrmarkt mit verrückten Statuen und Installationen. Da war ein kunterbuntes Riesenrad, das gleichzeitig als Brücke funktionierte. Wir konnten mit dem Auto darüberfahren, es war unglaublich. Ein paar Jahre später fanden die Olympischen Spiele in Mexico City statt. Die Gegend, von der ich geträumt hatte, war das olympische Dorf. Dort sah ich die unglaublichsten Installationen, die ich je gesehen habe – außer im Traum. Ein Riesenrad war leider nicht darunter. Aber in diesem Moment hab ich beschlossen, das will ich machen, ich will Kunst am Bau machen, riesige Installationen.«

Victor erzählt mir seine Träume jeden Morgen, detailliert. Ich bin neidisch auf die Abenteuer, die er erlebt. Sie sind filmreif. Und selbst wenn er den Tag in einem Krankenhausbett verbringen muss, nachts jagt er Kunstdiebe und Terroristen, rettet Katzen aus brennenden Gebäuden,

er fährt mit mir im Cabriolet der Küste entlang, wo wir mehrere riesige Künstlerstudios besitzen und rauschende Partys feiern. In seinen Träumen bin ich eine Spionin, eine Superheldin, eine gefeierte Künstlerin, ein Filmstar, eine Autodiebin.

Letzte Nacht zum Beispiel waren wir zu einer Party bei Doris Day eingeladen, die offenbar gleich neben unserem Strand-Atelierhaus in Big Sur lebte. »Es war eine Schriftstellerparty, aber die Einzigen, die ich erkannte, waren Norman Mailer und du …«

Ich wünschte, ich wäre dabei gewesen! Ich wünschte, ich könnte mich erinnern.

Erinnern wir uns im Leben an den Tod, im Tod an das Leben? Erinnern wir uns in einem Leben an die zwölf anderen, die wir parallel leben? Oder ist im Gegenteil das, was wir als Realität wahrnehmen, ein Traum? Und der Tod das Aufwachen aus diesem Traum?

Als Kind verbrachte Victor viel Zeit mit seiner Großmutter und seiner Großtante, die im Gegensatz zu seinen Eltern der Tradition verpflichtet lebten. »Jeden Morgen fragten sie mich nach meinen Träumen, sie hörten zu, sie interpretierten sie. Große Teile meiner Träume träumte ich für andere, das war schon früh klar. Diese Teile leiteten sie weiter, wie Botschaften. Andere waren für mich. ›Behalte das für dich, das geht nur dich an‹, sagten sie. Ich konnte das selbst nicht unterscheiden.«

Später, als Victor den *Concheros* beitrat, wurde er oft herbeigezogen, um für Ratsuchende zu träumen.

Andrès Segura war ein Heiler, ein Doktor der westlichen Medizin, der Akupunktur und der aztekischen Heilkunst. »Eines Tages brachten sie ihm eine junge Frau aus Spanien, die schon lange krank war, niemand wusste genau, was ihr fehlte, man hatte schon alles Mögliche probiert. Ich glaube, sie kannte Castañeda – jedenfalls hatte sie von Andrès gehört. Das Erste, was er zu ihr sagte, war: ›Ich kann niemanden heilen, der nicht gesund werden will!‹ Das ist mir geblieben – obwohl ich damals ja kerngesund war.

Wir brachten sie zum Oratorium – das ist so etwas Ähnliches wie ein Orakel, aber wir nennen es das Oratorium. Eigentlich ein ganz normales kleines Haus, in dem zwei uralte Frauen warteten, mit Gesichtern wie aus Stein gemeißelt, voller Falten, und sehr lustig. Sie hörten sich die Krankengeschichte an, stellten eine Diagnose und verschrieben eine Behandlung. Manchmal verlangten sie auch nach einem Träumer. ›Wir haben Victor‹, hieß es dann. Ich war ihr Berufsträumer.« Victor lacht. »Manchmal gaben sie mir *Peyote* oder halluzinogene Pilze, aber meist schlief ich einfach so ein und träumte. Wir schliefen auf dem Boden, Andres, die junge Frau und ich. Am nächsten Morgen erzählte ich den alten Frauen meine Vision. Manchmal unterbrachen sie mich, wie meine Großtante früher: ›Nein, das ist für dich, behalte das.‹ Ich musste meine Hand ausstrecken, sie berührten meine Handfläche und schlossen meine Finger. ›Steck das in deine Tasche für später, das ist für dich.‹

Als die Patientin hineingerufen wurde, waren die alten Frauen sehr streng mit ihr: ›Weißt du, wie viele Leute sich abmühen, dir zu helfen? Er nicht, ihm ist das egal‹ – dabei zeigten sie auf mich und die junge Frau rebellierte: ›Wie, es ist ihm egal, hat er nicht von mir geträumt?‹

Ihr Trotz war geweckt, jetzt wollte sie die Behandlung durchziehen.«

»Und, wurde sie gesund?«

Victor zuckt mit den Schultern. »Keine Ahnung.«

Ich seufze. Mein Bedürfnis nach klaren Wendungen, glücklichen Enden und einer eindeutigen Botschaft wird von diesen Geschichten nicht bedient.

»Weißt du noch, was dein Teil des Traumes war?« »Natürlich: Ich sah mich auf einem amerikanischen Flughafen, mit meinem Portfolio und einer Bilderrolle unter dem Arm. Ganz selbstverständlich reihte ich mich in der Kolonne für amerikanische Staatsbürger und *permanent residents* ein. Plötzlich wurde ich nervös: Ich hatte gar keine Aufenthaltsbewilligung! Damals reiste ich zweimal im Jahr nach amerika, ich hatte eine Galerie in Los Angeles und eine in Santa Fe, aber ich kam immer nach Mexiko zurück, wenn mein Maisfeld und die Zeremonien es verlangten. Ich probierte aus der Reihe auszubrechen, aber die Masse schob mich weiter. Ich versuchte die Aufmerksamkeit eines Einreisebeamten zu erregen, doch der winkte mich durch: ›Sie sind schon richtig hier!‹ Als ich Andrès diesen Traum erzählte, wusste er, dass ich gehen würde. Er hatte mich als seinen Nachfolger ausgesucht, aber er wusste, wie viel mir die Kunst bedeutete, und er ließ mich ziehen.«

Victor ist Tolteke. Das Wort bezeichnet ursprünglich einfach einen Einwohner der Stadt Tula oder Tollán, später einen Angehörigen dieser Kultur, die lange vor den Azteken da war und von diesen übernommen wurde. Tolteke heißt aber auch ganz einfach Künstler oder Handwerker, was in dieser Tradition dasselbe ist: Kunsthandwerk oder Volkskunst, es ist ein Ausdruck, der über das Individuelle hinausgeht. Jemand, der die Götter ehrt, die Tradition verbreitet. Künstler haben »göttliche Herzen«, sie galten als Visionäre und nahmen eine hohe Stellung in der Gesellschaft ein.

Der gute Maler ist weise.
Gott ist in seinem Herzen.
Er tränkt die Dinge mit Göttlichkeit
Er teilt sich mit seinem Herzen mit
Er malt die Farben aller Blumen
Als ob er ein Tolteke wäre.
*Cantares Mexicanos*

Es macht also Sinn, dass Andrès Victors Ambitionen nicht im Widerspruch zu seiner traditionellen Verpflichtung sah, sondern als eine mögliche Form derselben. Jahrelang reiste Victor hin und her, richtete seine Ausstellungen nach den Anforderungen seines Maisfeldes und dem Zeremonienkalender. Von Mitte Mai, wenn das Feld gepflügt und angepflanzt wurde, bis nach der Ernte im Herbst lebte er ein komplett traditionelles Leben, als Teil der Dorfgemeinschaft. Nach dem Día de los Muertos flog er jeweils für ein paar Monate in die Vereinigten Staaten, wo er Aufführungen, Konzerte und Ausstellungen bestritt. Er lebte zwei Leben, ein traditionelles und ein modernes. Bis sein Name auf eine schwarze Liste geriet. Viele Mitglieder indigener Organisationen wurden der Opposition verdächtigt, routinemäßig schikaniert, gefangen genommen, bedroht und gefoltert. Auch Victor. Immer wieder. Bis ihm schließlich Freunde aus dem Dorf, die als Wildhüter Teil der Sicherheitsbehörde waren, warnten: Er sei auf einer schwarzen Liste, dank seines mit Z beginnenden Namens zuunterst, er habe vermutlich etwa eine Woche Zeit, um zu fliehen. »Ich nahm das nicht so ernst, packte nur das Nötigste ein. Erst als ich bei der Ausreise schon an der Passkontrolle festgehalten wurde, wurde es mir mulmig …« Zwei Flugbegleiterinnen einer amerikanischen Fluggesellschaft standen am Zoll Wache. Es war bekannt, dass die mexikanische Regierung unbequeme Bürger an der Ausreise hinderte. Die Flugbegleiterinnen sprangen sofort ein, legten eine Jacke mit ihrem Logo über die Schultern des Passagiers und geleiteten ihn sicher zum Flugzeug. Ohne Drama, ohne Aufsehen zu erregen, mit breitem Lächeln und amerikanischer Selbstverständlichkeit. Niemand weiß, wie viele Leben sie so gerettet haben. Victors auf jeden Fall. »Damals konnte ich mir nicht vorstellen, nicht mehr in mein Land zurückzukehren. Deshalb habe ich auch nie ein Asylgesuch gestellt.«

Seit über zwanzig Jahren war er nicht mehr da, wo er hingehört. Manchmal ertappe ich ihn dabei, wie er sich auf Google Earth sein altes Haus ansieht, das nach seiner Flucht enteignet wurde. Heute steht dort, wo früher sein Maisfeld war, ein Parkplatz.

»Ich habe von Bruno geträumt«, sagt Victor eines Morgens, vielleicht zwei Wochen nach dem plötzlichen, schockierenden Tod meines Freundes. Er war im Schlaf gestorben, sekundenschnell und ohne sichtbaren Kampf. Nicht einmal die Bettdecke war verrutscht. »Bruno geht es gut«, sagt Victor jetzt. »Er ist nur ein bisschen verwirrt. Er weiß nicht, was passiert ist, er weiß nicht, wo er ist. Aber kein Problem, meine Großmutter hat ihn zu sich geholt. Sie hat mexikanische Schokolade für ihn gekocht. Sie kümmert sich um ihn. Er spricht übrigens sehr gutes Spanisch, wusstest du das?« Ich schüttle den Kopf. Aber ich sehe Bruno da sitzen in seiner unnachahmlichen Eleganz. Er wirkte immer wie ein Landadliger, er, das Arbeiterkind. Ich sehe ihn höflich an der Schokolade nippen, er lässt die alte Frau nicht aus den Augen, jemand soll ihm bitte mal erklären, was hier los ist.

»Meine Großmutter sagt, er braucht einfach ein bisschen Zeit, um zu verstehen, was passiert ist, um zu akzeptieren, dass er tot ist. Solange er verwirrt ist, kann er bei ihr bleiben.«

Dieser Traum war nicht für Victor, der Bruno nie kennengelernt hat. Er war auch nicht für mich. Er war für Brunos Witwe, meine Freundin Pie. Tatsächlich verstörte sie die Vorstellung, Bruno sei sozusagen »tot aufgewacht«. »Wie muss er sich bloß fühlen?«, sagte sie immer wieder.

Hat Bruno ihr diesen Traum geschickt, über diesen seltsamen und weiten Umweg, über Victors Großmutter und Victor und mich? Oder hat Victor ihren Kummer gespürt und so verarbeitet? Wer kann das wissen. Was bedeutet es schon. Hauptsache Trost.

## WEM GEHÖRT DIE TRADITION?

Zehn Tage lang dauerte das Sterben unseres Freundes René. Oder eher, sein akutes Sterben, wenn es so etwas gibt. Er hatte Krebs im Endstadium, Metastasen überall, die Ärzte gaben ihm seit Monaten nur noch wenige Wochen zu leben – und er lebte doch immer weiter.

Dann wurde er mit einer Hirnblutung ins Krankenhaus eingeliefert. Nach ein paar Tagen und einem missglückten Eingriff war klar, dass er nicht mehr nach Hause kommen würde. Er wurde in ein Privatzimmer verlegt. Die Besuchszeiten wurden aufgehoben. Erst machte er noch Scherze. Dann hörte er auf zu reden. Er schwebte über uns und ließ uns auf unsere eigene Art Abschied nehmen. Er war einer der großzügigsten und tolerantesten Menschen, die ich je kennengelernt habe. Über sein Bewusstsein hinaus, bis in den Tod hinein. Noch heute höre ich, wenn ich mich über jemanden ärgere, seine gedehnte Stimme: »Aw, man … he's okay, man …« Das sagte er über jeden, Freund oder Feind, und so war es auch nicht überraschend, dass jeder von uns das Gefühl hatte, eine ganz besondere Beziehung zu ihm zu haben.

*»Ay, padrino!«*, weinte einer seiner Freunde, ging neben dem Bett in die Knie und küsste die mit Infusionsnadeln besteckte Hand. *»Ay, padrino…«*.

»Unglaublich, wie schwarz sein Haar ist! Meinst du, er färbt es?«

Ich hätte beinahe laut herausgelacht, doch der Mann meinte es ernst.

»Und du«, fuhr er fort, »färbst du dein Haar?«

Stoisch schüttelte Victor den Kopf.

»Das ist euer indigenes Blut«, seufzte der Künstler. »Ich beneide euch – ich muss meines färben – ich nehme Schwarz …«

»… und eine Spur Blau«, mischte sich seine Frau ein. »So wirkt es am natürlichsten.«

Ich schaute zu Victor hinüber, um mich zu versichern, dass ich nicht etwa halluzinierte. Sein Gesichtsausdruck verriet nichts.

Die mexikanischen Ureinwohner haben die Kolonialisierung ein bisschen besser überstanden als ihre nordamerikanischen Brüder. Obwohl die Spanier mit unbeherrschter Brutalität vorgingen, gelang es ihnen nicht, die Kultur ganz auszulöschen. Die mexikanische Oberschicht orientiert sich allerdings an Europa. Auch Victors Eltern versuchten, ihre Herkunft abzulegen und zu unterdrücken. Dass er sich entschied, traditionell zu leben, wurde als Affront verstanden. Sein Alltag richtete sich nach den Zeremonien, er bestellte sein Maisfeld, trug Sandalen und langes Haar. Er war arm. Als Künstler konnte er sich in Mexiko nicht durchsetzen, die Kunstschulen sind der Oberschicht vorbehalten. Erfolg hatte er im Ausland, in Europa, in Japan, in Amerika. An deutschen Freundinnen mangelte es ihm nicht, aber die mexikanische Oberschicht verachtet die Indios bis heute. Umso absurder scheint es mir, dass die in Amerika geborenen *Chicano*-Künstler ihre indigenen Anteile schamlos überbetonen, thematisieren und nutzen. Oder ist das im Gegenteil eine nur allzu verständliche Reaktion auf das Gefühl, weder hier noch dort wirklich zu Hause zu sein, ein unverzichtbarer Teil ihrer Identitätssuche?

Der Künstler mit dem blauschwarz gefärbten Haar leitete etwas später im überfüllten Wartezimmer eine »indigene«

Zeremonie an, um Renés Seele ins Jenseits zu begleiten.

»Noch lebt er ja«, schnaubte Victor.

Solche Szenen sollten sich in den nächsten Tagen ständig wiederholen. Im Wartezimmer drängten sich immer mindestens zwanzig Freunde. Ich habe nie jemanden gekannt, der ein solches Talent für Freundschaft hatte wie René. Seine Freunde sind folgerichtig eine wild zusammengewürfelte, heterogene Gruppe, Künstler, Aktivisten, *Latinas* und *Chicanos*. Wie wenig diese Menschen miteinander verbindet, wie fragil und manchmal fragwürdig die Bänder der Kultur sind, verstand ich erst in diesen zehn Tagen, die ich im Krankenhaus verbrachte.

Im Verlauf der folgenden Tage beobachtete ich, wie Victor zusehends angespannter und ungehaltener wurde. Ein weiterer Freund fackelte ein Salbeibündel ab: »Ein altes indigenes Heilmittel«, betonte er.

»M-hm, wir setzen das gegen Durchfall ein«, murmelte Victor.

Als eine Galeristin Adlerschwingen aus ihrem Rucksack fischte und ganz unzeremoniell begann, die Anwesenden damit abzuklopfen, stand Victor auf und ging zur Tür. Ich folgte ihm.

»Adlerschwingen sind heilig«, sagte er. »Und außerdem geschützt. Ich sollte sie anzeigen.«

Wir setzten uns auf den Boden. Ich nahm seine Hand. Ich gebe zu, ich verstand seine Empörung nur halb. Hatte nicht sein Capitàn gesagt: »Unsere Tradition ist wie eine Blume, wenn ihre Zeit gekommen ist, wird sie verblühen?«

Aber verblühen ist nicht dasselbe wie nach Belieben abgewandelt zu werden.

Später setzte sich eine einflussreiche Aktivistin, vor der sich alle zu fürchten schienen, neben mich und tätschelte meinen Arm.

»Du bist offensichtlich neu in dieser Kultur«, begann sie. Ich unterbrach sie mit einer Heftigkeit, die mich selbst erstaunte: »Ich bin nicht Teil dieser Kultur«, stellte ich klar. »Ich habe meine eigene.«

Später, auf der langen Fahrt nach Hause durch die nächtliche Stadt, dachte ich über die Härte nach, mit der ich das betont hatte. Im Nachhinein verstand ich nicht ganz, wo sie herkam. Ich wusste nur, wie seltsam es mich berührte, wenn ich weiße Amerikanerinnen sah, die traditionelle mexikanische Blusen trugen, ihre Haare schwarz färbten und ihre Augenbrauen zu dicken Balken auf Frida Kahlo schminkten.

Andererseits hatte ich meinen Sohn vehement gegen Vorwürfe des Kulturraubs verteidigt, als er in seiner Teenagerzeit seine blonden Haare zu engen Zöpfen flocht und Rapper-T-Shirts trug.

Wo verläuft die Grenze zwischen Respekt und Aneignung? Kann man eine fremde Kultur schätzen, würdigen, ohne sie zu verletzen?

Victor erzählt seinen Lieblingswitz: »Weißt du, wie sich die traditionelle indigene Familie zusammensetzt? Nein? Aus Mutter, Vater, drei bis fünf Kindern, Großmutter, unverheirateter Großtante, zwei Hunden und einer deutschen Anthropologin!«

Darüber kann er endlos lachen. Während ich mich ein bisschen ertappt fühle.

Im Laufe der Arbeit an diesem Buch hat er mir mehr über seine Kultur erzählt als in den fünf Jahren zuvor. »Unsere Rituale machen nur für uns Sinn«, sagte er immer. »Sie haben mit unserem Alltag zu tun, mit dem Jahresablauf, der vom Maisanbau bestimmt ist, mit unseren Vorfahren und unseren Göttern. Das lässt sich nicht so einfach übertragen.«

»Was tun wir denn hier?«, frage ich schließlich. »Wenn eure Tradition nur für euch Sinn ergibt, warum versuchen wir dann, sie europäischen Leserinnen und Lesern zu vermitteln? Was unterscheidet mich von der Adlerschwingen schwenkenden Galeristin, wenn ich dieses Buch schreibe?«

Anders gesagt, ist es nicht dieselbe Anmaßung, wenn Lino und Maria einen Altar in ihrer Zürcher Wohnung aufbauen, wie wenn ein Pseudoindianer mit gefärbten Haaren Salbei abfackelt?

Victor schüttelt den Kopf. »Das eine hat mit dem anderen nichts zu tun. Diese Inszenierungen im Krankenhaus waren reine Selbstdarstellung. Da ging es nur darum, sich wichtig zu machen. Ich bin etwas Besonderes, ich kenne geheime Rituale, ich habe Macht.

Den Día de los Muertos zu begehen ist etwas ganz anderes. Denk an Weihnachten – du musst nicht praktizierender Christ sein, um Weihnachten zu feiern. Es gibt keine unumstößlichen Regeln, wie man einen Weihnachtsbaum dekoriert, oder was man kocht. Manche gehen in die Kirche, manche nicht, jede Familie hat ihre eigenen Traditionen. Es ist ein Fest, eine Familienfeier, eine Gelegenheit, zusammen zu sein und ein Festmahl zu genießen …«

»… und sich in die Haare zu geraten«, murmle ich.

Aber am Tag der Toten kommt es selten zu Streitigkeiten, wie sie an Weihnachten beinahe schon vorprogrammiert sind. Nicht, weil die Mexikaner bessere Menschen sind als wir, nicht weil ihre Familien harmonischer funktionieren. Nein, es ist die Anwesenheit der Toten. Weil die Freude über ihren seltenen Besuch die Feier über persönliche Zwiste hinaushebt. Weil, wie Victor sagt, »am Tag der Toten alle so glücklich sind«.

»Die Tradition ist ein Auftrag der Toten an die Lebenden, weiterzuleben, die reale Lücke des Todes zu füllen.

Ein Auftrag, der im vollen Bewusstsein angenommen werden muss, dass es unmöglich ist, dieselbe Geschichte zweimal zu erzählen. Nur so kann man die Toten und ihre Leistungen wirklich ehren«, schreibt der Soziologe und Tourismusforscher Dean MacCannell in seinem Essay *Tradition: Nächster Schritt*. Der Titel geht auf ein Gespräch des Autors mit dem Künstler George Longfish zurück, der sagte: »Die Tradition macht den nächsten Schritt nicht von sich aus.«

Der Essay ist 1994 erschienen und behandelt ein Phänomen, das in der Zwischenzeit absurde Ausmaße angenommen hat: Den Anspruch auf Authentizität und die irrige Annahme, diese von außen erkennen und bestimmen zu können. »Die Wertschätzung der Authentizität, die in der Beurteilung von traditioneller Kunst vorausgesetzt wird, hat oft eine schädlichere Auswirkung auf die Kultur indigener Völker, als es eine beiläufige Vernachlässigung dieser Vorstellung je haben könnte. Das Konzept der Authentizität, so unschuldig es scheinen mag, ist ein Speerstoß in die Herzen lokaler Kulturen.«

»Seien wir ehrlich: Wir wissen nicht, ob die Toten uns wirklich sehen«, sagt Victor. »Wir wissen nicht, ob Gott existiert, ob der Herr des Regens real ist. Wir wissen aber, dass wir zu essen haben, dass wir ein Dach über dem Kopf haben. Es ist wichtig, sich dessen bewusst zu sein, dankbar zu sein, und wenn möglich, es zu teilen. Das ist der Tag der Toten: Eine Gelegenheit, Danke zu sagen. Das ist das Prinzip dieser Feier.

Es ist das Ende der Erntezeit. Die Dinge auf dem Altar sind die Dinge, für die wir die letzten fünf, sechs Monate gearbeitet haben: Mais, Bohnen, Chili, Kürbis, Blumen … Wir danken unseren Vorfahren, die diese Felder vor uns bestellt haben, die unsere Ernte beschützt haben.

Ich weiß, nicht jeder, der diesen Tag feiert, ist ein Bauer, nicht jeder hat ein Feld. Und doch ist dieser Tag für jeden wichtig. Es ist wichtig, dankbar zu sein und die anzuerkennen, die vor uns hier waren. Heute mehr denn je, denn wir leben komfortabler, als wir je gelebt haben.

Der Tag der Toten zeigt uns auch, dass wir nicht allein sind. Wir haben Freunde, wir haben Familie, wir haben Menschen, an die wir uns erinnern, Menschen, die wir vermissen. Es ist ein Privileg, jemanden zu vermissen.

Heute ist die Einsamkeit unser größtes Problem, glaube ich. Wir fühlen uns allein und nicht mit anderen verbunden. In der toltekischen Tradition gehen wir davon aus, dass du nur deine Freundschaften mitnehmen kannst in die andere Welt. Freundschaften und Lieder und die Erinnerung an den Duft der Blumen. Das sind die Dinge, die zählen.

Sich daran zu erinnern tut jedem Menschen gut. Egal, wo er lebt.«

# 3. DIE SPEISEN

## WAS ESSEN DIE TOTEN?

Jeder Feiertag, in jeder Kultur, in jeder Region ist mit ganz bestimmten Speisen verbunden. Ob man diese Bräuche einhält, verweigert oder abwandelt, sie sind im kollektiven Bewusstsein verankert, egal, ob man individuell eine Gans zu Weihnachten brät oder einen Tofurkey zu Thanksgiving auftischt. Aber was kocht man für die Toten?

»Etwas, das gut riecht«, erklärt Victor. »Die Toten ernähren sich schließlich vom Duft, von der Essenz des Essens. Wenn man arm ist, reicht auch das Wesentliche: Salz und Wasser. Wir bieten ja grundsätzlich jedem, der unser Haus betritt, ein paar Salzkörner und ein Glas Wasser an, auch wenn wir nichts haben. Jeder, der unser Haus betritt, ist unser Gast. Und am Día de los Muertos sind die Toten unsere Gäste.«

Viele Mexikaner stürzen sich für ihre Muertitos in Unkosten, es bleibt nicht bei Wasser und Salz, und die Gäste müssen ja auch bewirtet werden. Das Essen muss natürlich speziell für die Toten gekocht werden. Aber da diese nur die Essenz, also den Geruch verspeisen, bleibt für die Lebenden immer noch genug übrig.

»So teilen wir noch einmal eine Mahlzeit mit unseren Lieben.«

Ende Oktober wird auch das Totenbrot gebacken, das *Pan de Muertos*. Süße Brötchen, mit gekreuzten Knochen verziert oder in der Form eines Leichnams im Leichentuch, mit gekreuzten Armen. Manche haben auch kleine Puppenköpfe eingebacken, die etwas unheimlich aus dem Gebäck starren. Je nach Gegend wird der Teig mit Orangenschale, Anis oder Vanille gewürzt. Diese Brötchen kann man in den Wochen vor und nach dem 2. November überall kaufen, sie werden in rauen Mengen verschlungen, nicht nur während der eigentlichen Feier.

Auch Getränke gehören auf den Altar, das muss aber keinesfalls Mezcal oder Tequila sein. Viele mexikanische Familien trinken keinen Alkohol und bieten ihn auch den Toten nicht an.

»Aber was, wenn meine Muertitos aus der Schweiz nie *Tamales* gegessen haben? Wenn sie scharfe Saucen nicht kennen? Stelle ich dann ein Fondue auf den Altar, weil das den stärksten Geruch verströmt?«

»Warum nicht? Einer meiner Verwandten liebte Sardinen in Tomatensauce. Deshalb hatte meine Großmutter immer eine Sardinendose auf dem Altar. Das ist nichts Besonderes, ein Armenessen. Wirklich traditionell sind nur Mais, Bohnen, Kürbis und Pfefferschoten. Aber jedes Mal, wenn ich eine solche Dose sehe, denke ich an diesen Verwandten.«

Victor überlegt einen Moment. »Das Essen auf dem Altar hat im Grunde dieselbe Bedeutung wie im Krieg, verstehst du?«

»Wie im Krieg?« Nein, ich verstehe nicht.

Das Einzige, was ich bereits gelernt habe, ist, dass die aztekische Kultur eine kriegerische war. Nichts bringt

Victor mehr auf die Palme als westliche Sinnsucher, die treuherzig behaupten: »Die Indianer kennen nicht mal ein Wort für Krieg!«

»Nicht mal ein Wort? Wir haben vierhundert Wörter für Krieg! Unsere Ahnen taten nichts anderes, als sich gegenseitig die Köpfe einzuschlagen.« Victor schweift ab: »Manche sagen, gewisse Aspekte des Día de los Muertos kommen aus der Kriegsführung. Früher hat man der feindlichen Armee vor dem Angriff nämlich Essen und Kleider geschickt …«

»Wie bitte? Du meinst vergiftetes Essen?« Ich muss sofort an die masernverseuchten Wolldecken der Pioniere in Nordamerika denken, aber ich liege falsch.

»Nein, das beste Essen, die wärmsten Kleider: Damit der Kampf fair blieb. Damit die Verlierer nicht sagen konnten, wir waren halb verhungert, halb erfroren, sonst hätten wir bestimmt gewonnen.«

Auf ähnliche Art werden nörgelige Verstorbene bei Laune gehalten. Sie müssen uns ja nicht besuchen kommen, wenn sie nicht wollen. Aber sie sollen nicht behaupten können, niemand habe an sie gedacht, man habe ihr Lieblingsessen nicht zubereitet.

## MIT EINEM TAMAL KANNST DU ALLES MACHEN

Das einfachste, traditionellste und auch das praktischste Gericht für den Altar ist der *Tamal*. Ist der Grundteig einmal angerührt, können die Maisrollen nach Belieben süß oder salzig, vegetarisch, vegan oder mit Fleischsauce gefüllt werden. Das Einwickeln der Päckchen in Mais- oder Bananenblätter beschäftigt auch die Gäste, die zu früh gekommen sind.

Lange bevor ich Victor kannte, fuhr ich nach Mexiko. Nur einmal, und auch nicht ganz freiwillig. Ich hatte mich gerade von meinem Mann getrennt und war alleine mit dem Auto in die Wüste gefahren, um mich wiederzufinden und um ein Buch fertigzuschreiben. Weit kam ich nicht: Eine Stunde außerhalb der Stadt gab mein Auto den Geist auf. Der Abschleppwagen brachte mich noch am selben Abend zurück in die Stadt, wo ich mich bei meinen Freunden ausweinte. Da organisierte einer von ihnen kurzerhand eine Reise nach Oaxaca für mich, buchte einen Flug und ein Hotelzimmer und steckte mir außerdem die Telefonnummer eines lokalen Musikers zu, der mich sicher gern »herumführen« würde. Dieses Angebot nahm ich allerdings nicht in Anspruch. Ich ließ mich einfach treiben, in dieser fremden Stadt, in dieser fremden Welt, ohne ein Wort Spanisch zu sprechen, ohne jemanden zu kennen.

Abend für Abend saß ich auf dem Zócalo, allein an einem Tisch, der für vier gedeckt war, mit Bedacht, ohne ein Buch in der Hand zu halten und ohne die Speisekarte zu verstehen. Ich zeigte einfach auf irgendetwas und aß tapfer, was immer mir gebracht wurde, geröstete Heuschrecken oder Huhn in köstlicher Schokoladensauce oder eben *Tamales*. Nachdem ich mich eine gefühlte Ewigkeit vergeblich damit abgemüht hatte, die zähen Maisblätter zu zerschneiden, erbarmte sich eine junge Mutter vom Nebentisch, kam zu mir herüber und zeigte mir lachend, wie man die Maisrolle erst auswickelt, bevor man sie isst.

Diese Geschichte erzählt Victor jedes Jahr, und ich muss jedes Mal über mich lachen.

## VICTORS TAMALES DE PATO CON MOLE

Es ist nicht ganz einfach, Victor ein Rezept zu entlocken. Er kocht nach Gefühl, Pi mal Handgelenk, die Stimme seiner Großmutter im Ohr. Und gerade *Mole*, die kostbarste, festlichste aller mexikanischen Saucen, welche die Speisen der Götter, Schokolade und Chili miteinander verbindet, ist eine höchst individuelle Angelegenheit, die jedes Mal anders schmeckt. Aber wir haben es versucht.

*Die Füllung:*

*Eine ganze Ente mit Olivenöl, Salz und Pfeffer einreiben.*
*Zwei Stunden bei 200 Grad im Ofen braten.*
*Abkühlen lassen, ungefähr 2 dl Entenfett aufbewahren.*
*Das Fleisch von den Knochen ablösen.*

*Alternative Füllungen:*

*Grundsätzlich geht alles, die Füllung muss einfach genug Flüssigkeit enthalten, um nicht ganz vom Maisbrei aufgesogen zu werden.*
*Zum Beispiel*

*Grillgemüse mit Ziegenkäse*
*Feta und Spinat*
*Bolognese (oder jede beliebige Pastasauce)*
*aber auch süßer Quark mit Früchten oder Schokoladencreme*

*Für die Tamales:*

*Ein Kilo vorgekochtes oder nixtamalisiertes Maismehl, z.B. Harina PAN oder Maseca*

*7,5 dl Wasser oder Bouillon*
*200 g Entenfett, ausgelassener Speck oder Butter*
*1 TL Salz*
*1 ½ TL Backpulver*
*Mischen, kneten, ruhen lassen.*

*Und nun die Mole, die Sauce der Götter:*
*Getrocknete Ancho-, Pasilla- und Guajillo-Chilis*
*Aufschneiden und entkernen.*
*Kurz anrösten, bis sich das Aroma entfaltet. Das dauert nur wenige Sekunden.*
*Dann werden die Chilis ungefähr eine Stunde in warmem Wasser eingeweicht.*

»Moment«, unterbreche ich. »Wie viel Chili? Und wo kriegt man die?«

Victor seufzt. »Du kannst alle Zutaten online bestellen, wenn du sie nirgends findest. Es müssen auch nicht alle drei Varianten sein. *Mole* wird jedes Mal anders, das weißt du ja.«

»Wieviel also?«

Victor öffnet seine Faust: »Ungefähr so viel.«

*Je eine Handvoll Kürbiskerne, Sesamsamen und Erdnüsse separat anrösten.*

*Je 2 Gewürznelken*
*2 aufgeschnittene Zimtstangen*
*½ TL Koriandersamen*
*½ TL Piment*
*½ TL Pfeffer*
*separat anrösten.*

*3 Dörrpflaumen oder entsprechende Menge Rosinen*
*2 getoastete Brotscheiben*
*1 getoastete Tortilla oder eine Handvoll Tortillachips*
*3 EL Zucker*
*1 Kochbanane*
*1 Dose Tomatenpüree*
*200 g Kochschokolade*
*hinzufügen.*

*Alle Zutaten mischen und pürieren. In einem großen Topf mit Wasser oder Bouillon einkochen. Immer wieder umrühren, nach Bedarf Wasser und Salz zufügen. Die* Mole *hat eine cremige, dickflüssige Konsistenz. Nach einer Stunde den Herd ausschalten und eine weitere halbe Stunde ziehen lassen.*

*Die Tamales*

*Können in Maisblätter, Bananenblätter oder Pergamentpapier eingewickelt werden. Maisblätter müssen über Nacht eingeweicht werden. Bananenblätter oder Pergament zu Rechtecken schneiden. Einen Löffel Maisbrei in die Mitte geben, etwas flachdrücken, mit wenig Füllung und Sauce belegen, dann so rollen, dass der Mais die Füllung auf allen Seiten umhüllt. Mit einem Bindfaden zum Paket schnüren. Es empfiehlt sich, die unterschiedlich gefüllten Tamales mit Fäden in unterschiedlichen Farben zu kennzeichnen. Diese Arbeit wird sehr gern von den Gästen übernommen!*
*Die fertigen Päckchen werden aufrecht in einen großen Kochtopf mit Dampfeinsatz geschichtet und etwa eine Stunde lang gekocht. Immer kontrollieren, dass unter dem Dampfeinsatz genug Wasser ist!*

## DAS BROT DER TOTEN

*½ Hefewürfel*
*500 g Mehl*
*150 g Zucker*
*1,5 dl Crème Fraiche oder 2,5 dl Milch*
*6 Eier*
*1 TL Salz*
*200 g ungesalzene Butter, Raumtemperatur*
*1 EL Orangenblütenwasser oder Orangenlikör*
*Abgeriebene Schale von 2 Orangen*
*Rosinen*

Víctor-MARIO

Fig #2

Víctor-Mario

Figuur #2

*Hefewürfel in warmer Milch auflösen und rühren, bis es leicht schäumt. 20 Minuten ziehen lassen.*
*Mehl, Salz, 5 Eier, Orangenblütenwasser oder Likör und Orangenschale mischen. Hefemischung zugeben. Butter in kleinen Portionen zugeben und ständig kneten, von Hand etwa 25 Minuten, mit dem Mixer 15 Minuten.*
*Teig in eine geölte Schüssel geben und auf das Doppelte aufgehen lassen. Teig in fünf Teile teilen, daraus vier Kugeln und zehn dünne Streifen formen.*
*Zwei Streifen pro Brötchen für die gekreuzten Knochen verwenden, siehe Abb. 1.*
*Oder die Brötchen zu Muertitos formen, Rosinen für Augen und Mund verwenden, siehe Abb. 2.*
*Ein Ei mit etwas Wasser aufschlagen und die Brötchen bestreichen. Mit Hagelzucker oder Sesamsamen bestreuen. Noch einmal etwa eine Stunde aufgehen lassen.*
*Ofen auf 180 Grad vorheizen, 20 bis 25 Minuten backen.*

## TÜRME AUS SCHÄDELN

Das Erste, was man mit der aztekischen Kultur assoziiert, sind die Blut- und Menschenopfer. Die grässlichen Beschreibungen aus den Geschichtsbüchern lassen einem die Haare zu Berge stehen. Da wird den Gefangenen bei lebendigem Leib das »zuckende Herz« aus der Brust geschnitten. Die Opfer werden die steinernen Stufen der Pyramide heruntergeworfen, bis alle ihre Knochen zertrümmert und ihre Leichname schlaff wie Strohpuppen sind. Mit einem Steinmesser zieht der Priester ihnen die Haut ab und stülpt sie sich wie einen Umhang über. Eltern bieten ihre eigenen Kinder zum Opfer an, da Kindertränen Regen symbolisieren. Und gegessen haben die Azteken ihre Opfer auch.

Stoff für Albträume, Inspiration für Splattermovies. Stimmt das wirklich?

Victor lacht: »Jedes Mal, wenn ich in eine Schule eingeladen werde, um etwas über unsere Kultur zu erzählen, warnt mich die Lehrerin: ›Aber die Blutopfer erwähnen Sie bitte nicht!‹ Vor allem die katholischen Privatschulen sind da ganz heikel. Ausgerechnet, wo die an jeder Wand einen Gekreuzigten hängen haben!«

In den Neunzigerjahren kamen erstmals Zweifel an diesen Berichten auf. Der Schweizer Ethnologe Peter Hassler setzte sich in seinem Buch *Menschenopfer bei den Azteken? Eine quellen- und ideologiekritische Studie* akribisch mit den Grundlagen auseinander. Und fand nicht viel. Die Azteken hatten eine Bildersprache, die leicht falsch interpretiert werden konnte. Die Spanier wiederum hatten Interesse daran, die Eingeborenen als primitiv und gefährlich darzustellen, um die Kolonialisierung zu rechtfertigen.

So kam Hassler zum Schluss, dass schon der wichtigsten Quelle, den Aufzeichnungen von Bernal Díaz del Castillo, dem Hofberichterstatter von Hernán Cortés, nicht zu trauen war. Die grässliche Szene, die er in *Die Wahrhafte Geschichte der Eroberung von Neuspanien* beschrieb, in der fünfzig spanischen Soldaten bei lebendigem Leib das Herz »noch zuckend herausgerissen und den Götzen dargeboten« wurde, konnte er gar nicht mit eigenen Augen gesehen haben. Er befand sich zu diesem Zeitpunkt nämlich in der Sicherheit einer spanischen Festung, acht Kilometer vom Schauplatz des Grauens, dem Großen Tempel entfernt. Außerdem sei es gar nicht möglich, einem Menschen mit einem Steinmesser das Brustbein zu öffnen, geschweige denn die Haut abzuziehen. Und die Zahlen waren schlicht fantastisch: Um die an anderer Stelle behaupteten 80 000 Menschenopfer zu erbringen, hätte man vier Tage lang ununterbrochen alle vierzehn Minuten jemanden töten müssen. Die detaillierten Darstellungen in den Kodizes, den bildsprachlichen Aufzeichnungen der Azteken, seien von den Spaniern mit Absicht falsch interpretiert worden, sie seien vielmehr symbolisch zu verstehen. Der Blut- und Opferkult der Azteken wurde also erst einmal ins Reich der Fantasie beziehungsweise der politischen Propaganda verwiesen.

2015 wurden in Mexico City die Ruinen eines riesigen *Tzompantli* gefunden, wie man die legendären Schädeltempel nannte. Die Ausgrabungen hatten wie so viele andere mit einem Neubauprojekt in der Innenstadt begonnen. Jedes Baugesuch im Umkreis von sieben Kilometern des Templo Mayor muss vom Nationalen Institut für Archäologie und Geschichte abgesegnet werden. Und so wurden in einer Straße hinter der Kathedrale, die auf den Ruinen des Großen Tempels steht, die Überreste eines Schädelrahmens und eines Schädelturmes gefunden. Der zweite Turm wird unter dem Garten der Kathedrale vermutet. Diese Schädelrahmen glichen einem überdimensionierten Abakus: säuberlich aufgereihte Schädel, eine Schiene über der anderen, vier bis fünf Meter hoch und fünfunddreißig Meter lang. Wenn die Schädel nach Jahren auseinanderfielen, wurden sie entweder zu Masken umgestaltet oder mit Mörtel vermischt und den Schädeltürmen links und rechts vom Tzompantli hinzugefügt.

Die Überreste geben nicht nur Aufschluss über die Opfer, sondern auch über die Art ihrer Tötung. Es kann also kein Zweifel bestehen. Was mache ich nun damit? Zugegeben, mir hat die Theorie von der spanischen Propaganda besser gefallen. Ich konnte mir gut vorstellen, dass die für ihre Grausamkeit bekannten Eroberer ihre eigenen Vorstellungen auf die fremde Kultur projizierten. Doch da sitze ich wohl wieder dem Mythos vom friedliebenden Indianer auf, über den Victor sich so gerne lustig macht.

»Überhaupt«, sagt er. »Was regst du dich so auf? Menschenopfer sind von vielen alten Kulturen überliefert, unter anderem von den alten Germanen. Und wenn wir schon dabei sind, auch der christliche Gott fordert sie hier und da im Alten Testament.«

Die Menschenopfer waren also der zentrale, bestimmende Aspekt der aztekischen Religion. Ihre Kultur war in erster Linie deshalb eine derart kriegerische, weil diese Opfer nun einmal regelmäßig gebracht werden mussten. Es ging weniger um Landübernahme und Macht als darum, die Götter zufriedenzustellen. Die Götter, die immerhin ihr eigenes Blut geopfert hatten, um diese fünfte und vermutlich letzte Generation von Menschen zu erschaffen. Blut hatte die Menschen zum Leben erweckt, Blut würde sie am Leben erhalten. Das musste aber nicht zwingend zum Tod führen. Es gab alltägliche Rituale, bei denen man sich in den Finger stach, das Blut auf ein Stück Papier tropfen ließ und dieses verbrannte. Priester und Adlige mussten sich allerdings zu diesem Zweck in die Zunge oder den Penis stechen. »Das war verdammt schmerzhaft. Doch der Adel musste dieses Opfer zum Wohl der ganzen Gemeinschaft bringen«, erklärt Victor. »Damit die Sonne jeden Tag aufgeht. Damit der Mais wächst und alle zu essen haben. Das hat nichts mit dem christlichen Brauch der Selbstgeißelung gemeinsam, wo es ja um den Einzelnen geht, um das eigene Seelenheil. Man fügt sich Schmerzen zu, um von den eigenen Sünden befreit zu werden. Auf das Gemeinwohl hat das keine Auswirkung. Zum aztekischen Adel zu gehören hieß in erster Linie, mehr Verantwortung zu tragen, größere Opfer auf sich zu nehmen. Für das Wohl der Gemeinschaft.«

*Noblesse oblige*, denke ich, aber halte den Mund.

»Es stimmt jedoch«, gibt Victor zu, »dass die Chronisten dieser Zeit nicht sehr gut mit Zahlen umgehen konnten. ›Hunderte‹ oder ›Tausende‹ waren schlicht ein Synonym für ›viele‹. Zum Beispiel heißt es an einer Stelle, sie hätten 20 000 Opfer gebracht. Wo zum Teufel hätten sie die hergenommen? Und wo hätte man sie begraben?«

Auch indigene Chronisten wie Ixtlilxóchitl und Tezozomoc beschrieben diese Rituale detailliert. Nicht nur die Tötungen an sich, sondern auch, wie die Opfer behandelt wurden. Die Soldaten töteten ihre Gefangenen nicht in der Schlacht, das war Sache der Priester und folgte wie jedes Ritual einer strengen Liturgie. Den zum Opfer bestimmten Gefangenen begegnete man mit Respekt und Dankbarkeit, schließlich waren sie maßgeblich am Weiterbestehen der Welt, der Menschheit, ja am täglichen Aufgehen der Sonne beteiligt. Ein Jahr lang wurden sie verwöhnt und gemästet, sie bekamen ein Haus, schöne Kleider, so viel zu essen, wie sie konnten, und auch bis zu vier Frauen. Nach Ablauf dieses Vorbereitungsjahres wurden sie die Stufen des Großen Tempels hinaufgeführt, einer riesigen Pyramide, auf deren Spitze zwei Tempel standen. Einer war dem Sonnengott Huitzilopochtli gewidmet, der andere dem Regengott Tlaloc. Auf dem Weg hinauf zerbrachen sie ihre tönernen Flöten, die sie nicht mehr brauchen würden. Während des Aufstiegs wurde ihnen von den Anwesenden Ehrfurcht gezollt, sie wurden nicht verhöhnt oder beschimpft, sondern besungen. Oben angekommen, gab der Priester ihnen psychedelische Drogen, *Peyote* oder Pilze, dann legten sie sich auf den Opferstein. Sie wehrten sich nicht, sie weinten nicht. Es war eine Ehre, geopfert zu werden.

Die neueren Funde deuten außerdem darauf hin, dass die Opfer Angehörige der Oberschicht waren. Ihre Knochen, ihre Zähne waren in gutem Zustand, es waren Leute, denen es gut ging.

Erst unter dem Einfluss des Priesters Tlacaelel, des »Richelieu der Azteken«, der die letzten aztekischen Könige beriet, nahmen die Menschenopfer deutlich zu. Eine anhaltende Dürreperiode diente ihm als Vorwand, die Opfertradition für politische Zwecke zu nutzen, Dissidenten unter dem Deckmantel der religiösen Zeremonie zu töten. So verlor die Tradition ihren religiösen Bezug, sie wurde als Machtinstrument missbraucht und führte indirekt zum Untergang des Aztekenreiches. Denn die benachbarten Stämme, allen voran die Tlaxcalteken, hatten die ständigen Einfälle der Azteken derart satt, dass sie sich mit den Spaniern gegen sie verbündeten.

Und doch: Dieses tief verankerte Bewusstsein, dass der Tod eine Notwendigkeit ist, eine Ehre sogar, trägt bestimmt zu dem furchtlosen Umgang mit dem Sterben und den Toten bei. Der Tod ist nicht der Feind, ist nicht das Ende. Er dient dem Fortbestand der gesamten Menschheit, er geht über den Einzelnen hinaus.

Der Tod macht das Leben erst möglich.

## DIE WILLKÜR DES LEBENS

Der erste Tote, den ich sah, war mein Großvater. Ich glaube, ich war neun. Er lebte nebenan, allein in seinem großen, mehrstöckigen Haus. Manchmal sah ich ihn die Straße hinaufgehen, mit einem Einkaufskorb aus Plastik am Arm und einem Taschentuch auf dem Kopf, das er mit vier Knoten zu einer Art Mütze geformt hatte. Kurz darauf rief unweigerlich jemand aus dem Lebensmittelladen meine Mutter an: Ob sie die Stange Zigaretten, die ihr Vater mitgenommen habe, gleich bezahlen oder anschreiben lassen wolle? Ich hatte mich immer ein wenig vor ihm gefürchtet, er wirkte streng und unnahbar mit seinem stolzen Profil. Für ein gutes Zeugnis steckte er uns jeweils fünf Franken zu. Nun war er während eines nächtlichen Hustenanfalls aus dem Bett gefallen und hatte sich eine Rippe gebrochen. Ich erinnere mich – vielleicht falsch –, dass meine Mutter und ich in seinem Haus übernachteten, in dem es seltsam roch. Aber warum sollten wir das getan haben? Ich erinnere mich auch an einen Krankenhausbesuch, und dass er nach einer Flasche Mauler Sekt verlangt hatte. Und ich sehe uns in einem anderen Krankenhauszimmer, in dem sich eine Schauspielerin von einem Autounfall erholte und das voller Freunde war, Gelächter und Feiern. Ich bringe alles durcheinander. Aber ich erinnere mich, wie mein Großvater aussah, als er tot war. Ich erinnere mich an die fleischfarbene elastische Binde, mit der sein Kinn hochgebunden worden war. Und an die ganz eindeutige Gewissheit: Das ist nicht mein Großvater, der da liegt. Das ist nur seine Hülle – und sie sieht ihm nicht einmal mehr ähnlich. Umgekehrt hatte ich nach dem Tod unseres Freundes René das ebenso eindeutige Gefühl, er sei noch da, er lebe und werde jeden Moment die Augen aufschlagen. Ich meinte sogar, ihn atmen zu sehen. Als ich meine Hand auf seine Brust legte, war sie kalt und hart. Und trotzdem bildete ich mir ein, sie bewege sich auf und ab.

An die Beerdigung meines Großvaters erinnere ich mich auch nur bruchstückhaft. Eine Nachbarin war zu spät zur Trauerfeier gekommen. Sie wartete vor der Kirche, todschick im kleinen Schwarzen, mit Sonnenbrille und hellblondem Haar. Die entferntere Verwandtschaft beobachtete sie nach der Trauerfeier misstrauisch – sie hielt sie offenbar für die heimliche Geliebte meines Großvaters.

Wir gingen sonst nie in die Kirche. Der Pfarrer hatte meinen Großvater gar nicht gekannt. Ich erinnere mich nicht an die Zeremonie und auch nicht an die Beisetzung. Ich empfand nichts, als sein Sarg in das offene Grab gesenkt wurde. Jahre später, an der Beerdigung meiner Schwägerin, die viel zu früh und vollkommen unerwartet verstorben war, konnte ich hingegen die Vorstellung, sie sei in dieser Holzkiste eingesperrt und werde nun in der Erde versenkt, nicht ertragen. Ein Heulkrampf schüttelte mich, von dem ich selbst erstaunt war, ich wollte den Sarg aufbrechen und sie befreien. Da war ich bereits erwachsen, Mutter zweier Kinder, und konnte doch nicht abstrahieren, konnte das unerträgliche Gefühl, sie selbst und nicht ihre Hülle werde hier in die Erde gelassen, nicht abschütteln.

Etwa zu der Zeit, als mein Großvater starb, schrieb mir meine Mutter ein Gedicht von Rainer Maria Rilke in mein sogenanntes Poesiealbum, das wir Kinder damals alle hatten und das ansonsten voller platter Sprüche war:

Der Schwan

Diese Mühsal, durch noch Ungetanes
schwer und wie gebunden hinzugehn,
gleicht dem ungeschaffnen Gang des Schwanes.

Und das Sterben, dieses Nichtmehrfassen
jenes Grunds, auf dem wir täglich stehn,
seinem ängstlichen Sich-Niederlassen:

in die Wasser, die ihn sanft empfangen
und die sich, wie glücklich und vergangen,
unter ihm zurückziehn, Flut um Flut;
während er unendlich still und sicher
immer mündiger und königlicher
und gelassener zu ziehn geruht.

Eine seltsame Wahl für ein Kind, mag man denken. Doch so jung ich war, ich verstand dieses Gedicht. Oder eher, ich fühlte mich vom Dichter verstanden. Es fasste in Worte, was ich diffus empfand, solange ich denken konnte. Dass ich für das Leben nicht geschaffen war. Dass mir die elementarsten Werkzeuge fehlten, um es zu bewältigen. Dass ich immer einen Schritt neben mir stand, mir zuschaute, verunsichert und voller Unmut über mich selbst, über mein unzulängliches Ich. Wenn ich an meinen eigenen Tod dachte, erfüllte mich das eher mit Sehnsucht als mit Angst. Nie so stark, dass ich ihn selber herbeiführen wollte. Aber der Tod schien mir immer ein wünschenswerter nächster Schritt. Ähnlich wie ich es als Kind nicht erwarten konnte, endlich erwachsen zu sein. Was ich mir darunter vorstellte – Selbstbestimmung, Freiheit, größere Sicherheit, Selbstbewusstsein – hat sich allerdings nicht unbedingt erfüllt. Gut möglich also, dass der Tod auch nicht halten wird, was er mir verspricht: Nichts mehr zu müssen. Nichts mehr falsch zu machen.

Und dann fiel meine Heizung aus. Oder eher, sie setzte in einem willkürlichen, unvorhersehbaren Rhythmus ein und aus. Meine *Casita* in Santa Fe ist so klein, dass ich es vermutlich nicht gemerkt hätte, wenn nicht ein früher Wintereinbruch mit ungewöhnlich tiefen Temperaturen zusammengefallen wäre. Nachdem ich zwei Nächte auf dem Sofa vor dem Kaminfeuer verbracht hatte, rief ich schweren Herzens den Notfallklempner an. Dieser stellte einen Riss im Heizkörper fest und stapfte mit einem Messgerät durchs Haus.

»Hier wird Kohlenmonoxid ins Haus geblasen«, sagte er. »Sie haben die zehnfache Konzentration im Schlafzimmer!«

Wenn die Heizung funktioniert hätte, wäre ich jetzt tot. Kerngesund und trotzdem. Es wäre, nach allem, was ich darüber gelesen habe, ein einfacher und vermutlich schmerzloser Tod gewesen. Ich wäre eingeschlafen und nicht mehr aufgewacht, genau das, was sich alle wünschen und nur so wenigen gegönnt ist. Wer hätte mich gefunden? Wie lange hätte es gedauert, bis sich jemand Sorgen gemacht hätte?

Ich bin froh, natürlich bin ich froh, dass ich noch lebe. Aber da ist ein Teil in mir, der mit den Schultern zuckt und denkt: So schlecht wär das auch nicht gewesen.

Diese latente Todessehnsucht finde ich in der aztekischen Philosophie wieder. Allerdings hat sie da ganz andere Gründe. Sie hat nichts mit innerer Verlorenheit und alles mit der Härte des Alltags zu tun. »Das alte Mexiko zitterte nicht vor Mictlantecuhtli, dem Todesgott. Es zitterte vor der Ungewissheit des Menschenlebens. Man nannte sie Tezcatlipoca«, schreibt Paul Westheim in *Der Tod in Mexiko*.

> Ach, nun bist du hier auf die Erde geschickt worden
> wo man ermüdet, wo man leidet,
> wo es Schmerz gibt und Angst,
> wo Trübsal und Kummer herrschen.
> […]
> Ach, du bist wirklich hier auf die Erde geschickt worden
> Und du kommst wirklich nicht, um dich zu freuen oder auszuruhen,
> deine Knochen, dein Fleisch werden wirklich Qual erfahren, Schmerz erleiden
> du wirst wirklich wie ein Sklave arbeiten.
> Um deine schwere Pflicht zu erfüllen,
> wirst du dich hier auf dieser Erde abmühen
> denn hierher bist du gesandt worden.
>
> *Florentiner Manuskript, Buch VI, nach Paul Westheim und Hans Dietschy*

Mit diesen niederschmetternden Worten empfingen die alten Mexikaner ihre neugeborenen Kinder. Die geradezu beschwörende Wiederholung des Wortes »wirklich« lässt keinen Raum für Zweifel: Leben heißt Leiden. Wirklich, wirklich! Glaub ja nicht, es wird schön werden, dieses irdische Dasein! Nein, wirklich, wirklich nicht!

Leben heißt Leiden, das sagt auch Buddha. Nur um gleich anzufügen: Es gibt ein Ende des Leidens. Die alten Mexikaner sahen das nicht so. Es entsprach nicht ihrer Erfahrung. Ihr Schicksal war bei der Geburt schon festgelegt und nur durch Selbstopferung zu verändern. Sterben, um das Leiden abzukürzen. Sterben, um glücklich zu sein. Für die Götter zu sterben war so ungefähr das Beste, was einem Azteken passieren konnte. Keine besonders fröhliche Einstellung. Dazu passt der furchterregende Tezcatlipoca, der Gott der Finsternis, der rauchige Spiegel. Der Gott der untergehenden Sonne, der Dämon der Finsternis.

Tezcatlipoca und Quetzalcoatl waren Brüder, Söhne der Götter der Dualität, Ometecuhtli (Zwei-Herr) und Ometicuatl (Zwei-Herrin). Diese residierten im dreizehnten Himmel, dem »Zwei-Himmel« oder Doppelhimmel. Logisch also, dass ihre Söhne das Prinzip der Dualität verkörperten. Von ihren Eltern beauftragt, die Welt gemeinsam zu erschaffen, richteten sie den Himmel auf und zündeten die Sterne an. Doch mit der Gemeinsamkeit war es schnell vorbei. Tezcatlipoca, als schöner Jüngling mit nur einem Fuß dargestellt, ist zwar auch der Gott des Wohlstands und des Überflusses. Zwei Dinge, von denen jede Kultur fasziniert ist und vor denen jede Religion warnt. Wohlstand und Überfluss sind trügerische Ideale, sie fordern immer einen zu hohen Preis. Dementsprechend verkörpert Tezcatlipoca auch den rauchigen Spiegel, der alles sieht, alle unerfüllten Wünsche und geheimen Leiden der Menschen, und der diese gnadenlos ausnutzt und bestraft. Er vernichtete schließlich seinen Bruder Quetzalcoatl, als dieser schwer krank war. Tezcatlipoca erschien ihm in der Gestalt eines Heilers und bot ihm Medizin an, die in Wahrheit *Pulque* war. So machte er seinen Bruder betrunken und stiftete ihn zu sexuellen Handlungen mit einem jungen Mädchen an, das er im Rausch nicht als seine Schwester erkannte. Das waren schwerste Sünden im aztekischen Glaubenssystem. Als Quetzalcoatl wieder zu sich kam und sich seiner Verfehlungen bewusst wurde, sah er keinen Ausweg, als sich selbst zu opfern. Sein Herz verwandelte sich in den Morgenstern. Aber das war Tezcatlipoca nicht genug, er verwandelte sich in den Abendstern und überrundete so seinen Bruder, leuchtete für immer heller als er.

Dieser unheilvolle Gott verwirrt und verstört mich genauso wie die christliche Vorstellung eines unerbittlichen, strafenden Gottes. Aber ebenso wie viele Christen darauf bestehen, ihr Gott sei in Wahrheit die Liebe, so gibt es auch Verteidiger von Tezcatlipoca: »Er symbolisiert etwas, das nun mal existiert: die Willkür des Lebens. Das Leben ist nicht fair, das sagst du doch auch immer wieder«, sagt Victor.

Stimmt, ich neige dazu, wie ein Kind mit dem Fuß aufzustampfen, wenn ich finde, das Leben ginge mit seinen Scherzen nun etwas zu weit. In solchen Momenten schaue ich schon mal nach oben, wo ich eine Schicksalsmacht vermute, und verlange, dass das jetzt aufhöre. Genug, sage ich. Das ist nicht fair.

Ich maße mir nicht an, die Leiden der Bauern der vorkolumbianischen Zeit mit denen der modernen Menschen zu vergleichen. Ich frage nur: Verlangen wir vielleicht zu viel vom Leben? Ist die moderne Vorstellung, wir hätten nicht nur ein Recht auf alles, sondern auch die Möglichkeit, dieses »alles« zu verwirklichen, nicht grausamer als der Fatalismus, die Schicksalsergebenheit dieser alten Kultur? Das Leben kümmert sich ja herzlich wenig um unsere Wünsche.

Wie sollen wir mit Schicksalsschlägen, mit Verlusten umgehen können, wenn wir kein Konzept für sie haben?

In unserem Zeitalter verordneten positiven Denkens gibt es nun auch Studien, die diese Technik infrage stellen oder sogar für gefährlich halten. Wer immer nur das Beste erwartet, ist für die unweigerlichen Steinschläge des Lebens nicht gerüstet. Schlimmer noch, er wird sich für sein allfälliges Unglück verantwortlich fühlen – oder selbst von wohlmeinenden Freunden dafür verantwortlich gemacht werden. »Was meinst du, was hat deinen Krebs hervorgerufen?« – »Warst du während der Schwangerschaft gestresst?« – »Ernährst du dich vegan?«

Als ich Victor kennenlernte, wurde ein ganzes Bücherregal in seinem Gästezimmer von Ratgebern mit Titeln wie *Heal yourself* oder *Starving Cancer* eingenommen.

Als er meinen fragenden Blick bemerkte, sagte er: »Die hat Ann nach ihrer Diagnose geschenkt bekommen.« Bestimmt gut gemeint, aber trotzdem nicht sehr taktvoll. Denn jeder einzelne Titel suggerierte, dass die Patientin nicht nur einen Anteil an ihrer Erkrankung, sondern auch an der Heilung hatte. Wenn sie die Diagnose an sich schon selber zu verantworten hatte, musste ihr Nichtgeheiltwerden, ihr Sterben erst recht ein persönliches Versagen sein.

Es war das erste Regal, das ich ausräumte. Obwohl ich das Bedürfnis, eine Erklärung für das nicht Erklärbare zu haben, nicht nur verstehe, sondern auch teile. Ich wünschte mir, es wäre so einfach: Wer nur das Richtige isst, wird vom Schicksal verschont. Aber ich kann das nun mal nicht glauben. Das ist nicht meine Erfahrung, das ist nicht meine Religion. Da ist mir der grausame, unberechenbare Gott der Finsternis tatsächlich näher. Tezcatlipoca gibt der Willkür des Lebens, den Schicksalsschlägen, dem »Es ist nicht fair« eine Gestalt. Eine furchterregende, zugegeben, aber immerhin eine Gestalt.

# 4. DER ALTAR

## HAUCHDÜNNE WAHRHEITEN

Es ist bunt, es ist vergänglich, es ist allgegenwärtig. Wie das Leben. Das zarte, leicht zerknitterte, schnell verbleichte und generell total unpraktische Seidenpapier wird in Mexiko für alles gebraucht. Zum Verzieren von Geschenken, Haushaltsgegenständen, Spielsachen, von Kirchenbänken und Kreuzen. Und zum Vervielfältigen von Liedtexten, Spottgedichten und revolutionären Ideen, die bei Volksfesten verteilt werden, unter anderem am Día de los Muertos. Auch die *Calaveras Literarias*, die Spottgedichte auf noch lebende Größen der Gesellschaft, Politiker, Schauspieler, Sänger werden auf Seidenpapier gedruckt. Und dazu die Illustrationen von José Guadalupe Posada, dem berühmten Illustrator der mexikanischen Revolution, dem Schöpfer der *Calavera Catrina*. Das versnobt wirkende Skelett mit dem ausladenden Hut (*Catrina* ist die weibliche Form von *Catrin*, Dandy) verkörpert – oder verknöchert – den Día de los Muertos, sie ist sein internationales Symbol geworden. Überall sieht man sie, überall erkennt man sie,

1

2

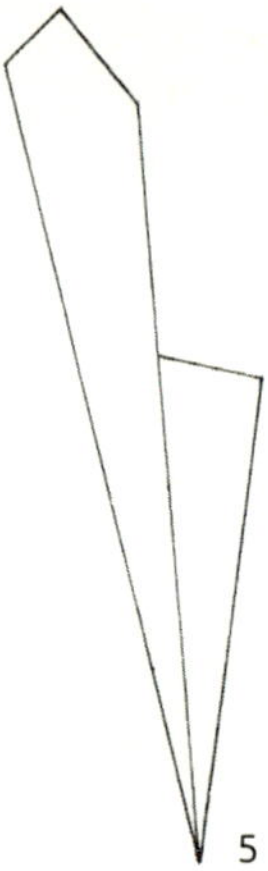
5

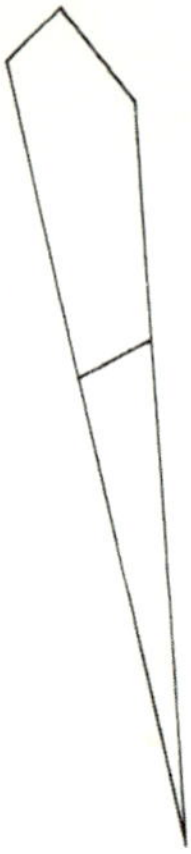
6

9

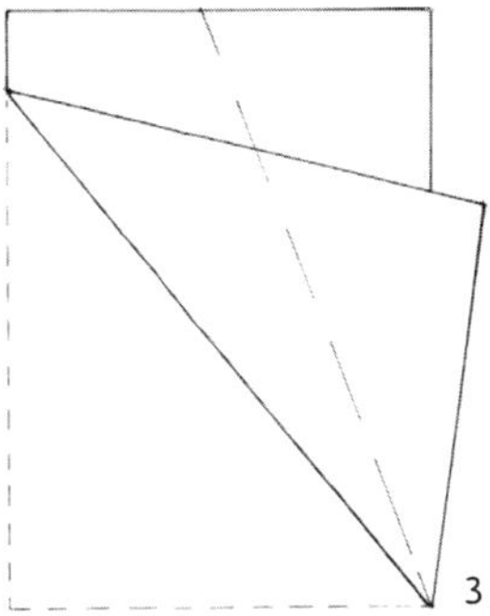

3

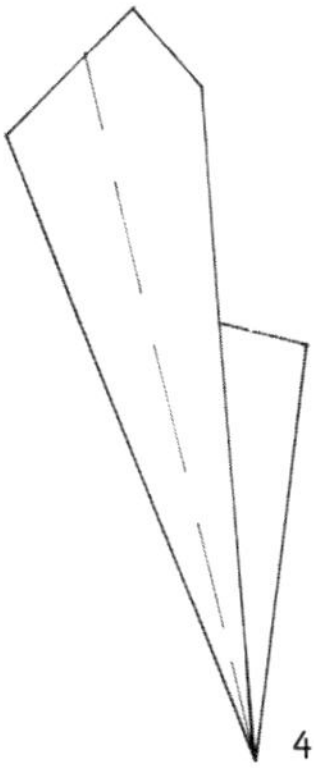

4

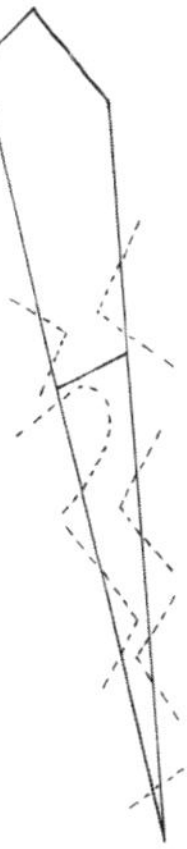

7

8

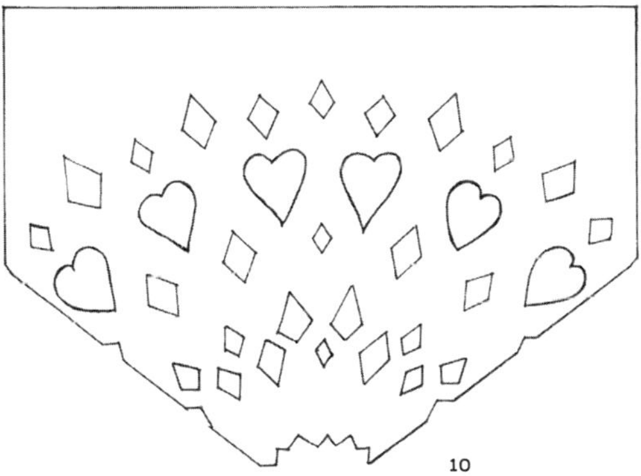

10

sie wird millionenfach kopiert, abgewandelt und modernisiert. Als beliebteste und einfachste Verkleidung bevölkert sie die Straßen und führt die Umzüge an. Dabei war die Illustration ursprünglich nur eine von vielen. Posada zeichnete mit scharfem Blick und trockenem Humor Politiker, Ärzte und Richter, Universitätsprofessoren, Bankdirektoren und Opernsänger als Skelett. Und eben auch die Dame der Gesellschaft, die er ursprünglich *La Calavera Garbancera* nannte, ein umgangssprachlicher Ausdruck für jemanden, der seine indigene Herkunft verleugnet, der sich für etwas Besseres hält. Das todschicke Skelett wurde zum Symbol der mexikanischen Revolution, zum Abgesang auf die Oberschicht. Und ist immer noch die populärste Erinnerung daran, dass der Tod keinen Unterschied macht zwischen reich und arm, berühmt und vergessen. Er nimmt jeden. Er ist der ultimative Revolutionär.

Aus Seidenpapier sind auch die Scherenschnitte, die jede Fiesta zieren, nicht nur die des Día de los Muertos. Die einzelnen Flaggen werden auf Bindfäden gezogen und über ganze Straßenzüge gespannt, von einem Fensterrahmen zum anderen. Die dafür notwendigen Mengen werden nicht mit der Schere geschnitten, sondern mit einfachen Formen ausgestanzt – *Papel Picado* heißt wörtlich ausgestanztes Papier. Die Zinnformen können mit weichen Gummihämmern durch mindestens fünfzig Schichten Papier getrieben werden. Zu Hause aber, für den eigenen Altar, braucht man die Schere. Auch diese Technik hat Victor von seiner Großmutter gelernt.

»In meiner Kindheit waren es einfachere, repetitive Formen«, sagt Victor. »Heute findet man unglaublich detaillierte, szenische Darstellungen von Totenköpfen und Skeletten.« Wie die, die durch unser Wohnzimmer tanzen. Traditionell werden die einzelnen Flaggen nebeneinandergeklebt oder aufgehängt, doch Victor klebt sie übereinander. »In meinem ersten Zimmer in Mexico City hatte ich neugierige Nachbarn, keine Vorhänge und kein Geld. Also habe ich Seidenpapiere auf die Fensterscheiben geklebt. Die Art, wie das Licht durch die Farben gefiltert wurde, begeisterte mich, es erinnerte mich daran, wie das Licht durch die dünnen Fransenschals fällt, die auf dem Markt angeboten werden, wie das Licht mit ihnen spielt. Und so habe ich angefangen zu experimentieren, immer mehr Schichten und Formen übereinander zu kleben … «

## ALLE TOTEN SIND WILLKOMMEN

Wir holen die Plastikkisten aus dem Keller, die zentnerschwere Tischplatte, die wir auf eine Decke legen und wie einen Schlitten die Treppe hochziehen. Victor hat die ganze Nacht Scherenschnitte produziert. Große Totenköpfe, mit denen wir das Bücherregal überkleben. Victor hat die wuchtige Wohnwand vor zwanzig Jahren selbst gebaut. Sie besteht nicht nur aus Bücherregalen, Schubladen und Glasschränken, sondern öffnet sich genau in der Mitte zu einem kleinen Hausaltar. Hier stehen das ganze Jahr Kerzen.

Früher schaute Ann aus dieser Nische in die Stube, mit leicht abgewandtem Gesicht, entspanntem Lächeln und einem Glas in der Hand. Als ich Victor kennenlernte, gab es keinen Ort im ganzen Haus, in dem einen ihr klarer, kluger Blick nicht erreichte. Damals rührte mich das. Später verunsicherte es mich. Speziell, dass sie gleich aus zwei Perspektiven auf das Bett herunterschaute, das unseres geworden war, war schwer auszuhalten.

»Sie ist überall«, sagte ich.

Und er: »Du meinst hier, in diesem Haus? Nein, sie ist nicht hier. Nur am Día de los Muertos schaut sie vorbei.«

Das war auch der Grund, warum ich dem Fest die ersten Jahre fernblieb. Ich wollte diese seltene Begegnung nicht stören. Mit der Zeit haben wir uns aneinander gewöhnt, und ihre Porträts hängen nun neben denen meiner Kinder. Heute freue ich mich auf ihren Besuch.

»Ich geh in den Mission District, Kaktusfrüchte kaufen«, ruft Victor mir zu.

»Ist gut.« Es ist erst gegen Mittag, die Gäste werden nicht vor fünf erwartet. Ich setze mich an den Küchentisch und klebe die Bilder unserer Muertitos auf leere Pillenröhrchen. In Amerika werden Medikamente nicht in Originalverpackungen verkauft, sondern in runde, orangefarbene Plastikbehälter mit kindersicherem Verschluss umgefüllt. Victor sammelt diese Behälter. Es sind so viele. Ich möchte sie am liebsten entsorgen, nicht an sie erinnert werden. Aber jetzt können wir sie brauchen. Sie haben genau die richtige Größe, um ein Foto aufzustellen.

Es sind so viele, denke ich wieder. So viele Medikamente, so viele Tote. Victor hat in den letzten Jahren zahlreiche Freunde verloren. Und er lebt immer noch. So etwas wie *survivor's guilt* kennt er nicht. Wenn man davon ausgeht, dass die Toten das schönste Leben haben, muss man sich nicht schuldig fühlen. Aber man kann sie vermissen.

Stunden vergehen, Victor ist noch nicht zurück. Das bin ich gewohnt. Das Zusammenleben mit ihm hat die letzten Anteile der Schweizer Hausfrau in mir ausgelöscht, den letzten Anspruch auf Perfektionismus – beides war nie sehr stark in mir angelegt. Trotzdem zucke ich manchmal zusammen, wenn er im strömenden Regen Geranien umpflanzt, während die ersten Gäste schon vor der Tür stehen – Gäste, die er zum Essen eingeladen hat, wohlgemerkt. Da zuckt schon mal etwas vergessen Geglaubtes in mir auf.

Aber die Erfahrung zeigt: Es klappt immer. Die Gäste nehmen sich ein Bier aus dem Kühlschrank, Victor kommt irgendwann wieder herein und leitet die Truppe im Tortilla-Backen an. Seine Einladungen sind immer ein Erfolg.

Jetzt ertappe ich mich dabei, wie ich alle fünf Minuten auf die Uhr schaue. Ich versuche ihn anzurufen. Er nimmt nicht ab. Ich versuche es noch mal. Und noch mal.

Ich war nicht immer so, habe nie auf ständiger Erreichbarkeit bestanden und nehme auch für mich in Anspruch, das Telefon auszuschalten. Es sind die verdammten Krankheiten, die mich zur hysterischen Helikopterfreundin machen. Vielleicht, weil sich unsere Liebe über Skype entwickelt hat, haben wir die Gewohnheit beibehalten, uns mehrmals täglich zu sprechen, egal, wo wir gerade sind. Einmal, als ich auf Lesereise war, erklärte er mir, ich hätte ihn die letzten beiden Tage nicht erreichen können, weil er nach Monterey gefahren sei, um ein Bed and Breakfast für unseren nächsten Ausflug an die Küste auszuprobieren. Und da habe er nun mal keinen Empfang gehabt. Und es sei dort so kalt gewesen, dass er mitten in der Nacht nach San Francisco zurückgefahren sei. Während des Fahrens nähme er das Telefon nun mal nicht ab, das sei ja verboten und außerdem wolle er mir auch keine unnötigen Sorgen bereiten. Im Nachhinein macht diese viel zu ausschweifende Erklärung überhaupt keinen Sinn, aber damals glaubte ich jedes Wort. Auch das ist eine Eigenschaft, die ich offenbar nicht ablegen kann, egal, wie oft mir das Leben das Gegenteil beweist: Ich glaube grundsätzlich, was man mir erzählt.

Wochen später, längst wieder in San Francisco, begleitete ich Victor zu einer Kontrolluntersuchung. Wir haben unsere kleinen Rituale an diesen Tagen, gehen nach dem Arzttermin in einem der schicken neuen Lokale an der 9th

Avenue am Eingang des Golden Gate Parks essen oder besuchen das De-Young-Museum, dessen verwitterten Kupferturm man von den Fenstern der Wartezimmer der Uniklinik aus sieht.

»Ich sehe, Sie waren letzten Monat in der Notaufnahme«, sagt die Ärztin, den Blick nicht vom Computerbildschirm wendend. »Hat man Sie über Nacht behalten?«

»Nein, nein …« Victor winkt verlegen ab. »Das war letztes Jahr«, will ich schon sagen, da sehe ich seinen ausweichenden Blick und verstehe.

»Monterey, hm?« *Hinter diesem kleinen Hügel*, denke ich.

Um vier versuche ich mich zu erinnern, was ich im Yoga über beruhigenden Atemrhythmus, in der Zenmeditation über Gelassenheit und bei meiner letzten Therapeutin über das Erkennen meiner Bedürfnisse gelernt habe. Und ich beschließe, den Altar selbst aufzubauen. Das habe ich noch nie gemacht. Ich bin aufgeregt, nervös, fast, als tue ich etwas Verbotenes. Etwas, das mir nicht zusteht. Gleichzeitig denke ich, ich habe oft genug dabei geholfen, ich kann das.

Ich baue also eine dreistufige Pyramide aus den Umzugskisten und der tonnenschweren Tischplatte. Ich verkleide das notdürftige Gerüst mit Packpapier. Dann hole ich die Scherenschnitte aus dem Atelier. Wie oft habe ich die hauchdünnen farbigen Papierstreifen schon nach Victors Anweisung übereinandergeklebt? Wie oft hat er mich um meine Meinung gefragt: »Was meinst du, erst das Lila oder das Orange?«

Ich kann das, rede ich mir zu. Mir ist bewusst, dass ich nicht einfach einen Küchenschrank umräume. Das hier ist wichtig. Es verlangt Respekt. Ich lege die Scherenschnitte auf den Boden und probiere verschiedene Farbkombinationen aus. Die Arbeit wird durch unsere beiden jungen Katzen etwas erschwert, die wir vor zwei Wochen aus dem

Tierheim geholt haben. Sie versuchen, die flatternden Papierstreifen zu erhaschen, sie reißen Löcher in die Verkleidung, schließlich sperre ich sie in den Garten. Und ich versuche mich zu erinnern, was Victor mir erzählt hat:

»Wie man einen Altar errichtet, habe ich von meiner Großmutter gelernt. Sie hat mir nichts erklärt. Obwohl ich ihr ständig in den Ohren lag: ›Warum machen wir das so? Warum nicht so?‹ Bis sie mich schließlich entnervt anfuhr: ›Hör auf zu fragen, mach es einfach. Mach es richtig, mach es schön. Am Ende ist der Altar ja für uns, nicht für die Toten.‹

Aber egal, was meine Großmutter gesagt hat: Grundsätzlich gibt es nicht eine einzige richtige, traditionelle Art, einen Altar zu errichten. In Morelos zum Beispiel nimmt man oft den Stamm eines Bananenbaumes als einfaches Podest, das man mit meterhohen Kerzen schmückt. In Puebla hingegen baut man halbe Schlösser, komplizierte Strukturen aus Holz mit Türmchen und Balkonen, ganz mit weißem Stoff, weißen Scherenschnitten, weißen Bändern geschmückt. Die sehen aus wie überdimensionierte Hochzeitstorten.

Man arbeitet mit dem, was man hat. Und bei mir sind das nun mal die alten Umzugskisten und Tischplatten. Mein Altar hat drei Stufen. Ganz einfach. Zuoberst stehen die Heiligen. Meine Hausheilige ist die *Virgen de los Dolores*, die Jungfrau der Schmerzen. Vor der Kolonialisierung war sie die Göttin der Toten. Grundsätzlich steht bei uns hinter jeder katholischen Heiligenstatue eine präkolumbianische Gottheit. So hat unsere Kultur überlebt.«

Ich schaue mich um. Auf einem Beistelltisch sehe ich grobe, steinerne Götterstatuen. Aber ich traue mich nicht, sie auf den Altar zu stellen. Im Flur blinkt eine kitschige Jesusstatue, aber ich glaube nicht, dass Victor die auf seinem Altar haben will. Ich finde einen Kerzenständer, der aus sieben Skeletten besteht, die Kerzen stecken in den Totenköpfen. Den stelle ich auf die oberste Stufe. Die Götter überlasse ich lieber Victor.

»Auf die mittlere Stufe kommen unsere Muertitos, die lieben Toten. Sie können durch Fotos repräsentiert werden, durch persönliche Erinnerungsgegenstände, eine Haarlocke, ein Paar Ohrringe, ein Buch.«

Ich stelle erst die gerahmten Bilder auf, die jedes Jahr auf den Altar kommen. Ann in der Mitte, daneben Victors Großeltern im Doppelrahmen, seine im Kindesalter verstorbene Schwester Lulu in einem verspielten Metallrahmen. Ansonsten kommen nur die Bilder der in diesem Jahr Verstorbenen auf den Altar. Aus Platzgründen, sagt Victor. Ich bin ihm dankbar dafür. So muss ich mich nicht fragen, ob ich ein Bild meines Vaters auf den Altar stellen soll. Die Entscheidung würde mich überfordern. Aber Victors Mutter steht ja auch nicht da.

Ich hole die Pillenröhrchen, auf die ich die Fotos unserer Muertitos geklebt habe. Schiebe sie hin und her, arrangiere sie immer wieder neu, wie eine Gastgeberin die Tischordnung plant. Bruno zwischen zwei dunkelhaarige Frauen, die ich nicht kenne, sympathisch, aber nicht zu attraktiv. Stephen ein bisschen an den Rand, was auch sein bevorzugter Platz bei Partys war. Ich stelle ihm ein kleines Bild der indischen Heilerin Amma zur Seite, die er verehrt hat. Vorne lasse ich Platz für die Toten, die noch kommen werden. »In einer traditionellen Umgebung, in der jede Familie einen eigenen Altar hat, ist das kein Thema. Aber hier bringen meine Gäste Bilder und Mementos ihrer eigenen Muertitos mit. Da muss genug Platz sein auf dem Altar.«

Auf der untersten, größten Stufe wird das Essen angerichtet. Victor hat bereits Totenbrot gekauft, das ich auf großen, bunt bemalten Platten anrichte. Ich erinnere mich

Víctor Mario
2019

an das Gefäß, in dem Victor den Kopal verbrennt, eine kleine Schale, die von tönernen Skeletten hochgehalten wird. Wasser, Tabak, Salz. Mit den Kaktusfrüchten, die Victor vom Markt mitbringen will, werden später *Tamales* gefüllt. Die zwei riesigen Pfannen mit den Dampfeinsätzen habe ich schon aus dem Keller geholt.

Jetzt bringe ich die Blumenkübel vom Balkon, schneide die Stiele der Ringelblumen an. Ihr Duft füllt das Wohnzimmer, der Blütensaft klebt an meinen Fingern, ich wische sie an der Hose ab. Die Blumen verteile ich in Vasen, stelle sie rund um den Altar herum auf den Fußboden. Aus den Blüten lege ich eine Spur zum Fenster, um den Toten den Weg zu weisen.

»Wir hängen auch immer eine bunte Laterne ins Fenster«, höre ich Victors Stimme. »Für die Toten, die niemanden mehr haben. Damit sie sehen: Hier bin ich willkommen.«

Alle Toten sind willkommen. Niemand wird zurückgewiesen.

## KOPFÜBER IN DIE WELT DER TOTEN

Mein erstes richtiges Date mit Victor dauerte acht Tage und bestand in der Installation eines vier Meter hohen Altars für eine Gruppenausstellung zum Día de los Muertos. Seit über zwanzig Jahren nimmt Victor an dieser Ausstellung teil. Sein Altar ist begehbar, das Tor zum Rest der Ausstellung.

Ich hatte keine Ahnung, was mich erwartete. Ich wusste nichts. Weder über das Projekt, das wir zusammen in Angriff nehmen würden, noch über den Mann, mit dem ich die nächste Woche verbringen würde. Wir waren zwar seit mehreren Jahren befreundet, sahen uns aber nur ein- oder zweimal im Jahr zum Mittagessen. Unsere Liebe hatte sich via Skype über zwei Kontinente hinweg entwickelt.

»Ich liebe dich«, hatten wir schon gesagt. Geküsst hatten wir uns noch nicht.

Und nun würden wir diese intensiven Tage zusammen verbringen. Nicht mit langen Spaziergängen und romantischen Picknicks, nein, mit harter Arbeit. Ich kannte niemanden, der das für eine gute Idee hielt. Von meinen Freundinnen bis zu den Flugbegleitern auf dem Weg nach San Francisco äußerten alle denselben Einwand: Und wenn ihr euch nicht versteht? Wenn die virtuelle Liebe der Realität nicht standhält?

Und was könnte realer sein als anstrengende, körperliche Arbeit?

Das war auch meine größte Sorge: Nicht, dass unsere Liebe nicht echt war, sondern dass ich mich als miserable Hilfsarbeiterin herausstellen würde. Meine handwerklichen Kenntnisse beschränkten sich auf meist erfolglose Versuche, ein IKEA-Regal zusammenzuschrauben. Ich bin auch nicht besonders geschickt. Würde ich die hauchdünnen Scherenschnitte zerknittern? Schief aufkleben?

Drei Monate zuvor, bei unserem letzten gemeinsamen Mittagessen, hatte Victor mir ein Album mit Bildern seiner Altäre gezeigt. Langsam blätterte ich die in Zellophanhüllen geschützten Fotos um, während Victor die Altäre kommentierte: »Dieser war für die *Tortilleras*, die Bäckerinnen. Einer meiner liebsten. Und der war für die Opfer des Massakers von 1968. Das mexikanische Konsulat boykottierte die Eröffnung und verlangte, dass der Altar abgerissen wird – das Massaker wird offiziell immer noch geleugnet. Aber ich war dabei. Ich war vierzehn Jahre alt und auf dem Heimweg von der Schule, als ich in die Krawalle geriet …« Der Altar wurde immer wieder beschädigt. Victor, der damals noch an der Dialyse hing, konnte nicht jeden Tag vorbeikommen, um nach dem Rechten zu schauen. Das taten die Besucher: Sie richteten das Gerüst wieder auf, arrangierten die Blumen, klebten die Scherenschnitte zusammen. Und sie stellten ihre eigenen Bilder und *Ofrendas* dazu. »Das waren nicht die üblichen Galerienbesucher. Sie kamen nicht, um Kunst zu sehen, sie kamen, weil sie hier einen Ort hatten für ihre Tradition, für ihre Muertitos …«

Victors Arbeit geht über die Kunst hinaus. Sie ist mehr als persönlicher Ausdruck, sie ist Dienst an der Gemeinschaft, an der Tradition.

»Und der hier war für Ann, im Jahr ihres Todes.« Es war die einfachste seiner Installationen, er hatte kaum die Kraft gehabt, das Gerüst aufzustellen.

»Ich konnte ihren Altar nicht fertigstellen, ich hatte während der Arbeit noch einen kleinen Herzinfarkt – oh, nichts Schlimmes.« Enttäuscht zeigte er auf die Scherenschnitte. »Da oben fehlt der Abschluss. Und siehst du, wie grob die Muster sind?«

Ich sah es nicht. Doch war das der Moment, in dem mein Herz seine Maske fallen ließ. In dem ich wusste, ich liebe diesen Mann.

Panik erfasste mich. »Ich muss sofort zum Flughafen«, rief ich und ergriff die Flucht. In den folgenden Wochen, in denen sich unsere Liebe erst schüchtern, dann immer stürmischer entwickelte, redeten wir auch über die bevorstehende Ausstellung. Ich hatte ein schlechtes Gewissen, dass Victor so viel Zeit mit mir verbrachte – zwischen drei und sechs Stunden redeten wir jeden Tag, wie verliebte Teenager. Und so fühlten wir uns auch.

Der Installationstermin rückte näher. »Ich komme«, sagte ich. »Und helfe dir.«

Zwölf Stunden später stand ich vor seiner Tür und wir küssten uns. Dann lieh ich mir ein Paar Latzhosen aus und ließ mir die Bedienung der Nagelpistole erklären.

Sechzehn, achtzehn Stunden lang arbeiteten wir jeden Tag, nebeneinander, miteinander. In der Galerie bauten wir das Gerüst auf, das Holzskelett des Altars. Im Studio schnitt Victor Hunderte von bunten Seidenpapierbögen in filigrane Muster, die ich sorgfältig übereinanderklebte. Wir hörten kitschige Musik und manchmal tanzten wir über den mit Papierschnipseln bedeckten Atelierboden.

In dieser Woche lernte ich eine andere Art des Arbeitens kennen. Freunde kamen und gingen, halfen eine Weile lang mit oder schlenderten einfach so durchs Atelier, trommelten ein bisschen, kochten Tee, unterhielten uns. Sie filmten Victor beim Papierschneiden, sie brachten uns etwas zu essen mit, manche deponierten ihre Kinder im Atelier. Nicht nur für sie ist Victors riesiges, mit Musikinstrumenten, Modellfliegern, Robotern und Farben gefülltes Atelier eine Märchenwelt. Oft waren wir aber allein, jeder über seine Arbeit gebeugt, hochkonzentriert und doch entspannt. Und wir redeten. Dies war keine zurückgezogene Arbeit. Sie musste nicht vom Leben abgeschirmt werden, im Gegenteil, sie nährte sich davon.

»Es ist schließlich Volkskunst«, sagte Victor, oft zum Trost, wenn ich mich über einen Fehler aufregte. »Es muss nicht perfekt sein – es darf nicht perfekt sein!«

Victor wandelt die traditionellen Techniken der Volkskunst, die er von seiner Großmutter gelernt hat, ab. Er klebt die bunten Seidenpapierstücke nicht neben-, sondern übereinander. Er leuchtet den Altar von innen mit Neon aus, sodass die Farben durcheinanderleuchten. Und er benutzt Klebestift statt Zuckerwasser, um das Papier zusammenzufügen. Ich versuche, seine Arbeitsweise zu verstehen. Wonach entscheidet er, wie die Farben angelegt werden? Welche Figuren er in die Papierbögen schneidet?

So wie ich schreibe: ohne zu überlegen.

Er faltete und schnitt die Bögen ohne Muster. Manchmal, wenn es spät war, wenn er müde war, wenn seine Hände zitterten, schaute er zur Wand hinüber, an der die Bilder seiner Toten hingen.

»Hilf mir, Großmutter«, murmelte er. Seine Großmutter, eine winzige Frau mit rundem Gesicht und mandelförmigen Augen, schaute verschmitzt aus dem Bilderrahmen an der Wand, wo sie zwischen Ann und Andrès Segura hing. Die Toten sind überall, verstand ich. Sie sind unter uns.

In diesen acht Tagen lernte ich nicht nur, die Kreissäge und die Nagelpistole zu bedienen und Hunderte von hauchdünnen Scherenschnittstreifen übereinanderzukleben, ich lernte auch viel über den Dia de los Muertos, über die Philosophie, die ihm zugrunde liegt.

Ich unterhielt mich mit anderen Künstlern, die um uns herum ihre eigenen Altäre aufbauten. Längst nicht alle waren Mexikaner. Längst nicht alle waren mit diesem Brauch aufgewachsen. Aber die Idee, Verstorbene mit einer dreidimensionalen, multimedialen Installation zu ehren, hatte für jeden einen eigenen Sinn. Ein solcher Altar entsteht beinahe intuitiv. Was erinnert mich an den Toten? Was macht den Toten für andere, die ihn nicht kannten, spürbar, erlebbar?

Manche Künstler übernahmen die mexikanische Vorlage und dekorierten ihren Altar mit Ringelblumen und Scherenschnitten. Andere wandelten die Tradition auf ihre Art ab. Metallene Blüten wurden zu einem Wandbild zusammengesteckt. Eine Treppe aus Scherenschnitt-Stufen führte in den Himmel. Plastikschädel trugen Kopfhörer, die man ihnen abnehmen und sich selber überstülpen konnte. Botschaften aus dem Totenreich schwammen als winzige Flaschenpost in einem endlosen Wasserkreis. Eine App erstellte in Sekundenschnelle einen virtuellen Altar aus dem Facebook-Profil des Besuchers. Ein übergroßes, naturgetreu gestaltetes Plüschherz lud zum Sitzen, zum Sichverkriechen ein. Manche Altäre waren abstrakten Ideen und Konzepten gewidmet, den Opfern von Polizeigewalt, Obdachlosen, von Immobilienspekulanten Vertriebenen. Andere waren persönlich: mein Nachbar, meine Frau, mein Hund.

»Mein Hund?«

»Im aztekischen Glauben werden die Toten von einem gelben Hund über den Fluss geführt, der sie vom Totenreich trennt«, sagte Victor schulterzuckend. »Ein Altar für einen Hund ist also vollkommen okay.«

Die Künstler, die einen privaten Verlust verarbeiteten, betonten besonders, wie tröstlich so ein Altar ist, vor allem, wenn sie ihn zum ersten Mal bauten. Ausnahmslos alle erwähnten, wie nahe sie sich den Verstorbenen fühlten, während sie Stück für Stück, Detail für Detail, ihre Würdigung zusammensetzten. Besonders die Künstler, die mit ihrer Installation ein politisches Statement machten, empfanden es als heilsam, die Opfer zu würdigen, und nicht die Täter anzuklagen. Nicht nur Victors Installationen sprengten den Rahmen der Kunst, überschritten die Grenze zum spirituellen Bekenntnis.

Und weil wir jeden Tag in der Galerie waren, bekam ich das Entstehen dieser Werke hautnah mit. Wir halfen uns gegenseitig aus. Die Künstlerin, die sich mit dem Errichten eines Waldes aus echten Baumstämmen und Papierblättern etwas übernommen hatte, war bald von Freiwilligen umringt, die Blätter schnitten. Ihr Bruder half mir im Gegenzug, morgens um zwei das Dach auf unsere vier Meter hohe Struktur zu hieven. In manchen Nischen wurde heftig gefeiert, die Tequilaflasche herumgereicht, ich schaute neidisch hinüber, wir waren noch lange nicht fertig. Der Arbeitseifer der anderen, ihr Engagement mischte sich mit meinem. Ihre Toten wurden zu meinen Toten.

Zur Vernissage kamen wir zu spät. Zwanzig Minuten vor Türöffnung waren wir erst fertig geworden. Ich hatte darauf bestanden, nach Hause zu fahren, zu duschen und die Latzhosen gegen ein Kleid zu tauschen. Als wir endlich ankamen, steckte mir der Kurator ein Abzeichen an, auf dem »Contributing Artist« stand. Selten bin ich so stolz gewesen.

## DIE KINDER SIND SCHON DA

Unsere Feier zu Hause folgt nicht ganz dem traditionellen Ablauf, denn eigentlich wäre es so: Der 1. November ist der Tag der Toten Kinder, der Día de los Muertos Chiquitos. Und die Nacht zwischen dem 1. und dem 2. November wird auf dem Friedhof verbracht.

Doch in San Francisco gibt es keine Friedhöfe. Unsere Muertitos und die unserer Gäste sind über die ganze Welt verteilt, wir können sie nicht einfach so besuchen. Der Dia de los Muertos Chiquitos hat außerdem auch in Mexiko an Bedeutung verloren, seit die Kindersterblichkeit im Land drastisch abgenommen hat. »Meine Großmutter hat zehn ihrer siebzehn Kinder verloren«, erinnert sich Victor. »Nicht alle im Kindesalter, aber trotzdem. Früher gab es keine Familie, die nicht mindestens ein Kind verloren hatte. Man war nicht allein mit seinem Leid.«

Das einzige Kinderbild auf unserem Altar ist Victors Schwester Lourdes, die er Lulu nannte. »Von meiner ganzen Familie war sie die Liebste, sie war die älteste meiner sechs Geschwister – ich bin in der Mitte. Sie war fünf Jahre älter als ich.

Meine Mutter hatte keine Geduld mit mir, sie bestrafte mich ständig für Dinge, die ich mit drei oder vier gar nicht verstehen konnte. Ich wusste nicht, warum ich dauernd verprügelt wurde. Lulu war immer da, um mich zu trösten. Wie eine kleine Katze. Wenn ich weinte, kletterte sie zu mir ins Bett. Wir spielten zusammen und kümmerten uns umeinander. Sie hatte Leukämie und war blind, aber das wusste ich nicht.

Sie starb, als ich vier Jahre alt war.

Ich hatte keine Vorstellung vom Tod, ich wusste nichts von ihm.

Obwohl sie in den Augen meiner Eltern nicht mehr da war, konnte ich sie immer noch sehen, mit ihr spielen, mit ihr reden. Wenn meine Großmutter, meine Großtante oder meine Patin zu Besuch kamen, brachten sie Schokolade mit oder Früchte oder Kekse. Ich rannte dann ins Haus und bat um zwei Stücke, eins für mich und eins für meine Schwester Lulu. Ich konnte sie immer noch sehen, mit ihr spielen, mich neben sie zum Mittagsschlaf hinlegen. Meine Großmutter und meine Tanten spielten gutmütig mit, aber meine Mutter explodierte jeweils in gewaltigem Zorn. ›Das ist nicht möglich, sie ist tot!‹, schrie sie mich an. Tot? Ich hatte keine Ahnung, was das hieß. Mir war nicht bewusst, dass Menschen, Tiere und Pflanzen starben. Dass wir alle Teil des Kreislaufs der Natur sind.

In meiner Vorstellung war Lulu einfach ihrem Herzen gefolgt und auf einem anderen Weg weitergegangen.

Was es für meine Mutter noch schlimmer machte, war,

dass wir uns sehr ähnlich sahen, Lulu und ich mit meinen langen Haaren. Wenn Verwandte Fotos anschauten, verwechselten sie uns oft.

Ich verstand es auch deshalb nicht, weil die Besuche bei ihr, auf dem Friedhof, ganz ähnlich waren wie die Besuche bei den Onkeln und Tanten. Wir zogen uns schön an, wir fuhren dorthin, unterwegs kauften wir Blumen und etwas zum Essen, ein Mitbringsel. Die Friedhöfe waren wunderschön, mit frischen Blumen überall, Familien an den Gräbern, die aufräumten, viele Kinder, die herumrannten. Wir spielten mit den anderen Kindern Verstecken oder Cowboys und Indianer, bis wir zum Essen gerufen wurden. Und dann aßen wir unser Picknick direkt da, auf dem Grab. Als Kind nimmst du den Friedhof nicht als etwas Trauriges oder gar Furchteinflößendes wahr. Es war ein fröhlicher Ort, ein Ort, an dem wir Spaß hatten.

Wie konnte Lulu also tot sein, ich hatte sie doch erst letzten Sonntag besucht? Ich dachte, sie war einfach an einem anderen Ort, wo sie wieder sehen konnte, wo sie nicht krank war, wo sie glücklich war. Was sollte ich auch sonst denken?

Nun, schau dir den Eingang zum Friedhof an, die Marktstände mit den duftenden Blumen und dem köstlichen Essen. Schau dir die Totenmärkte an, die überall in den Straßen und auf den Plätzen, vor den Schulen und den Kirchen aufgebaut werden. Mit all den bunten Puppen und Spielsachen, den Zuckerschädeln mit deinem Namen auf der Stirn, Tiere aus Marzipan, mit Puderzucker bestreut, mit den mit Chili und Zitrone beträufelten Fruchtspießen. Und die Berge von Blumen, gelbe Ringelblumen, dunkelrote Samtblumen und weißes Schleierkraut! Ich freute mich immer auf den Dia de los Muertos, darauf, meine Schwester Lulu zu sehen, mit ihr zu spielen, Geschichten zu erzählen, *Tamales* zu essen und Totenbrötchen und süßen Kürbis, heiße Schokolade zu trinken. Die Blumen und die Lieder mit ihr zu teilen.«

Wenn wir Erwachsene schon mit dem Tod nicht umgehen können, sind die Kinder erst recht allein gelassen. Aber vielleicht wissen sie mehr als wir. Vielleicht sollten wir auf sie hören, statt zu versuchen, ihnen etwas zu erklären, das wir noch weniger verstehen als sie.

Eine befreundete Ärztin erzählt von einer kleinen Patientin, die im Sterben lag. Die Behandlung hatte nicht angeschlagen. Sie erinnert sich an das hilflose Gespräch mit den Eltern, an die Kleenex-Schachtel auf dem Tisch zwischen ihnen, die Broschüre über Palliativmedizin, die sie ihnen hilflos aushändigte. Die Eltern baten die Ärztin, dem Kind nichts zu sagen. Die Mutter ging ins Krankenzimmer zurück, die Tochter wollte »Ich sehe was, was du nicht siehst« spielen. Die Mutter war unkonzentriert, erschöpft und verzweifelt, sie kam und kam nicht darauf, was ihre Tochter meinte.

Sie ging das ganze Zimmer durch: »Ist es der Stuhl, ist es der Vorhang, ist es der Fernseher?«

»Nein. Nein. Nein.«

»Ist es die Prinzessin im Fernsehen, ist es die Wolke vor dem Fenster, ist es mein Mantel?«

Irgendwann begann die Mutter zu ahnen, worauf ihre Tochter hinauswollte. Konnte es sein …? Aber sie wollte es nicht wahrhaben, sie wollte es nicht aussprechen. Die Tochter weigerte sich, das Spiel abzubrechen. Bis die Mutter nach Stunden endlich nachgab:

»Ist es der Tod?«

»Ja! Endlich, Mama!« Das Mädchen klatschte in die Hände, als hätte ihre Mutter einen Preis gewonnen.

Das erlebe sie oft, sagt meine Freundin, die Ärztin. »Die Eltern wollen die Kinder schonen, die Kinder machen sich umgekehrt Sorgen um die Eltern. Oft ist ihnen sehr wohl bewusst, dass sie sterben werden, aber sie sagen nichts, sie wollen ihre Eltern nicht traurig machen.« Ihr Krankenhaus führt Workshops durch, in denen Ärzte und Pflegefachleute mit Schauspielern üben, über den Tod zu reden. »Aber wer schreibt diese Dialoge?«, fragt sie. »Nicht die Patienten! Und schon gar nicht die Kinder. Die werden nicht gefragt. Mit der Realität hat das nichts zu tun, und doch, ich seh es auch an mir, nach über zwanzig Jahren in diesem Beruf fällt es mir immer noch schwer, die richtigen Worte zu finden …«

Vielleicht sollten wir die Kinder den Ton angeben lassen, vielleicht sollten wir sie einfach fragen, worüber sie reden wollen? Denn vor der Realität des Todes können wir sie am Ende nicht schützen, egal, wie vorsichtig wir um ihn herumreden.

»Weißt du, dass deine Mutter tot ist?«, rief mein Sohn, der damals fünfjährige Lino, von der Schaukel herunter seiner achtjährigen Cousine Leandra zu. Das Leichenmahl war noch in vollem Gange, ich war mit den Kindern auf den Spielplatz herausgegangen. Es war einer dieser trostlosen nasskalten nebligen grauen Novembertage. Leandra trug eine neue Windjacke, die ihre Mutter noch mit ihr ausgesucht hatte. Ich hielt den Atem an.

»Natürlich weiß ich das«, rief Leandra von der anderen Schaukel herunter.

Wenn ich ihn heute an diese Szene erinnere, ist es Lino peinlich. Er findet sein Verhalten im Nachhinein taktlos. Leandra hingegen erinnert sich nicht daran.

Maria, die uns zum Schreiben dieses Buches angeregt hat, erzählt aus ihrem Alltag als Sozialpädagogin. Einmal im Monat verbringt ein neunjähriger autistischer Junge das

Wochenende mit ihr, überwiegend zugfahrend. Er ist geradezu besessen von Zügen und Fahrplänen und Lokomotiven, kennt jede Strecke, jeden Zugtyp, er kann jede einzelne Zugdurchsage fehlerfrei mitsprechen. Doch neulich beschäftigte ihn plötzlich etwas ganz anderes: der Tod. »Bist du schon mal gestorben?«, fragte er. »Muss ich auch sterben? Müssen wir alle sterben? Wann müssen wir sterben? Und was passiert, wenn wir sterben?« Dann warf er die Frage auf, ob man nach dem Tod möglicherweise in anderer Form zurückkomme. Als Zug zum Beispiel. »Warum nicht«, sagte Maria. Das schien ihm für den Moment zu genügen.

Nachdem sie das nächste Mal umgestiegen waren, informierte er Maria wie immer über den Zugtypus und das Modell der Lokomotive. Und fügte an: »Vielleicht war diese Lokomotive früher mal ein Mann …«

Lulu ist ihrem Herzen gefolgt, dachte Victor. Sie ist einen anderen Weg gegangen. Sie ist an einem schöneren Ort. Wie immer der aussieht. Das Paradies der Kinder. Wo die Milch von den Bäumen tropft. Wo man nicht mehr krank ist oder blind.

Wo man auch eine Lokomotive sein kann.

# 5. DIE TOTEN

## DER TOD IST WEIBLICH

La Apestosa – die schlecht Riechende
La Cabrona – die Beleidigende
La Calaca – die Skelettdame
La Canica – die Glasmurmel
La Catrina – die Elegante
La Cuatacha – die beste Feindin
La Chicharra – die Heuschrecke
La Chimuela – die Zahnlose
La Chingada – die Verdorbene
La Chinita – die im China-Poblana-Kleid (ein eleganter Stil, der im 19. Jahrhundert beliebt war)
La Chirifusca – die Verreckte
La Democrática – die Demokratische
La Descarnada – die Entfleischte
La Dientona – die mit den großen Zähnen
La Doña de la Guardaña – die Herrin der Sense
La Entluda – die in Trauerkleidung
La Estirada – die Gestreckte

La Flaca – die Magere
La Fregada – die Verfluchte
La Fría – die Kalte
La Güera – die Blonde
La Hedionda – die Stinkende
La Halacha – die Heruntergekommene
La Huesuda – die Knochige
La Indeseada – die nicht Gewollte
La Igualadora – die Ausgleichende
La Impía – Die Pietätlose
La Jala Pajero – die gleichmäßig Ziehende
La Jijurra – die Tochter einer schlechten Mutter
La Justiciera – die Gerechte
La Llorona – die Weinende
Maria Guadaña – Maria der Sense
La Matarile – die Killerin
La Malquerida – die Ungeliebte
La Muda – die Stumme
La Mocha – die Scheinheilige
La Niña Blanca – das weiße Mädchen
La Novia Fiel – die treue Braut
La Pálida – die Bleiche
La Patrona – die Chefin
La Parca Cruel – die grausame Parze
La Patas de Catre – die Klumpfüßige
La Patas de Hilo – die Pritschenbeinige
La Patas de Popote – die Strohhalmbeinige
La Pelada – die Unverschämte
La Pelona – die Glatzköpfige
La Pepenadora – die Abfallsammlerin
La Polveada – die Gepuderte
La Que Te Espera – die auf dich wartet
La Rasadora – die Absahnerin
La Raspa – die Griesgrämige

La Segadora – die Mäherin
La Silenciosa – die Schweigsame
La Tembereque – die Fröstelnde
La Tía de las Muchachas – die Tante der jungen Mädchen
La Tilica – die Schlaksige
La Tiesa – die Steife
La Tiznada – die Angeschlagene
La Tostada – die Besoffene
La del Velo Negro – die den schwarzen Schleier trägt
La Veleidosa – die Kapriziöse

## WIE WIR ÜBER DIE TOTEN REDEN

Werde ich gehen müssen wie die Blume,
die verblüht?
Wird nichts von meinem Namen bleiben
Nichts von meinem Ruhm hier auf der Erde?
Wenigstens meine Blumen, wenigstens meine
Lieder!
Die Erde ist das Reich der flüchtigen Momente.
Ist sie also auch der Ort
An dem wir in gewisser Weise leben?
Gibt es Freude hier, gibt es Freundschaft?
Oder erkennen wir nur hier auf der Erde
unsere Gesichter?
*Cantares Mexicanos*

Das Wohnzimmer platzt aus allen Nähten, der Altar auch. Gäste sitzen auf den Sofas, auf dem Fußboden und um den Esstisch im nächsten Zimmer, die Verbindungstür steht weit offen, damit alle den Altar sehen können. Genauso dicht drängeln sich die Toten auf dem Altar. Victor leitet eine kurze Zeremonie ein, bläst das Muschelhorn, verbrennt Kopal. Er fordert uns auf, an unsere Muertitos zu denken. Sie zu spüren, so wie wir sie im Leben wahrgenommen haben. »Der Tod sollte die Beziehung nicht verändern«, sagt er. »Erzählt von euren Toten so, wie ihr sie als Lebende beschrieben hättet. Ohne falsche Ehrfurcht, die nur Distanz schafft.«

Ich denke an die wenigen Beerdigungen, die ich besucht habe, an die unpersönlichen Trauerreden von Pfarrern, die die Verstorbenen kaum gekannt hatten. Wie wenig tröstlich sie waren. In Amerika ist es Sitte, dass selbst in einer Kirche jeder, der will, ein paar Worte sagt. Das ist oft sehr lustig und immer sehr persönlich. Die Amerikaner lernen von Kind an, öffentlich zu reden, über sich zu sprechen, auch persönliche Anekdoten lustig zu erzählen. Ich mag das.

Der Grundsatz »Über die Toten nichts Schlechtes« gilt allerdings auch hier. Dabei ist es doch gerade das »Schlechte«, im Sinn von das Nicht-Perfekte, das einen Menschen ausmacht. Die Widersprüche, die irritierenden Gewohnheiten, die Unzulänglichkeiten. Wenn wir diese Dinge totschweigen, im wörtlichen Sinn, können wir unseren Muertitos niemals gerecht werden.

So habe ich nur durch Victors liebevolle und realistische Beschreibungen ein halbwegs lebendiges Bild von Ann bekommen. In den Worten ihrer Freunde bleibt sie eine fremde Lichtgestalt, eine Heilige, ein Engel. Manchmal tut mir das fast leid: Erinnert sich denn – außer Victor – niemand an den ganzen Menschen, die Frau, die Künstlerin? Will ich so erinnert werden? Nein, danke! Liebe ist nicht Verklärung.

In Mexiko wird dieser liebevoll-respektlose Umgang mit den Toten schon an den Lebenden geübt. Zum Día de los Muertos werden *Calaveras Literarias*, wörtlich »Schädeltexte« verfasst, spöttische Nachrufe auf Menschen, die noch leben, meist Politiker und andere Prominente, aber auch lokale Geschäftsleute, Ladenbesitzer, Polizeichefs. So gewöhnt man sich schon zu Lebzeiten an diesen Ton. Diese *Calaveras* haben eine ähnliche Funktion wie die Zuckerschädel: Sie lassen einen nicht vergessen, was unweigerlich kommen wird.

Ich schließe die Augen und denke an Bruno. Ich bilde mir ein, seine Anwesenheit zu spüren. Ich möchte ihn in den Oberarm boxen, so wie ich es immer tat, wenn ich mich über ihn ärgerte. Spielerisch. Liebevoll. Bruno verkörperte für mich alles, was einen guten Mann ausmacht, in einem ganz altmodischen Sinn. Umso mehr ärgerte es mich, wenn er sich – in meinen Augen – schlecht benahm. Wenn er seiner Frau, meiner Freundin, Sorgen machte. Dieses vertraute Gefühl breitet sich auch jetzt in mir aus. Du Idiot, denke ich, warum bist du einfach gestorben? Wie konntest du Pie das antun? Ich meine, sein Knurren zu hören, sein amüsiertes Grinsen zwischen Pfeife und Schnurrbart zu sehen.

Ich fühle mich seltsam getröstet. Und in der Lage, über ihn zu reden. So über ihn zu reden, als wäre er da, unter uns.

Im Jahr zuvor war meine Tante Elenita gestorben, die nicht wirklich meine Tante war, sondern eine Cousine meiner Mutter. Und die ich nur ein paar Mal in meinem Leben gesehen hatte. Was genug war, um mich nachhaltig zu beeindrucken. Die winzig kleine, zarte Blondine hatte Tanz und Kunst studiert, Araberpferde gezüchtet und zugeritten, ein Blockhaus gebaut, zwei Jahre lang mit vier kleinen Kindern in einem Tipi gelebt, und das alles in Montana, wo die Winter so lang und hart sind wie in

Alaska. Sie war im Sommer gestorben, ich war zu ihrer Gedenkfeier auf der Ranch gereist. Hunderte drängten sich zwischen den Pferdekoppeln auf der grünen Wiese, wir hatten Stoffstreifen an die Zaunpfosten und in die Baumäste gehängt, die Pferdehalfter verziert. Ihre Kinder und Enkel und Schwiegersöhne redeten, ihre Nachbarn, ihre Tanzschüler, die Teilnehmer ihrer Schwitzhütten. Ihr Lieblingspferd wurde mit blumengeschmücktem Sattel an uns vorbeigeführt. Jemand hatte, etwas makaber, eine Schachtel voller gefrorener Schmetterlinge in Papiertüten geschickt, die während der Zeremonie in unseren Händen auftauten und auf ein Signal in den Himmel entlassen wurden. Hunderte von Schmetterlingen taumelten träge über unseren Köpfen.

Elenitas Töchter waren sich nicht sicher, was sie von meinem Vorschlag halten sollten, ihre verstorbene Mutter zwei Monate später am Día de los Muertos noch einmal zu würdigen. Sie konnten es sich nicht leisten, die Ranch zu verlassen und nach San Francisco zu fliegen. Deshalb wollten sie ganz genau wissen, wie das vor sich gehen würde.

»Und wenn sie das Reich der Toten nicht verlassen will?«, fragte Marina. »Sollten wir sie nicht in Frieden ruhen lassen?«

»Hast du schon mal erlebt, dass sie etwas gegen ihren Willen getan hätte?«, fragte ihre Schwester zurück.

»Wäre es nicht sinnvoller, wenn sie die Ranch besuchen würde?«

Da war ich überfragt. Sicherheitshalber rief ich Victor an: »Die Toten machen ohnehin, was sie wollen«, bestätigte er. Am Ende siegte die Erinnerung an eine Frau, die sich so gerne in Szene setzte, dass sie nicht oft genug gewürdigt werden konnte. Trotzdem war ich mir der Verantwortung bewusst.

Ich hielt meine Cousinen auf dem Laufenden, schickte Bilder vom Altar, auf dem gleich drei Fotos von »Tante« Elenita standen, einmal als junge Frau in weiten Lederhosen, an ein weißes Pferd geschmiegt, mit Cowboyhut an einem Fluss kniend und in dramatischer Flamencopose, im schwarzen Kleid und mit hochgestecktem Haar.

Als es an mir war, von ihr zu erzählen, fiel mir als Erstes ein, wie sie sich jeweils zum Essen umzog. Als ich sie kennenlernte, war ihr Mann bereits gestorben, sie lebte allein in dem achteckigen Blockhaus. Im oberen Stock befand sich ein riesiges Ankleidezimmer, wo sie auch sämtliche Bühnenkostüme aufbewahrte. Ihre Figur war mit achtzig dieselbe wie mit zwanzig. Und darauf war sie stolz. Als ich Spaghetti kochte, schlüpfte sie in ein gestreiftes Tricot und setzte einen Hut auf. Ihr Aufzug kam mir eher französisch vor, bis sie »Giulietta Masina« sagte. An einem anderen Abend brachte ihr Sohn mexikanisches Essen aus der Stadt mit, einfache Tacos und Burritos in Alufolie gewickelt. Elenita verschwand nach oben und hatte wenig später einen theatralischen Auftritt mit buntem Stufenrock, Spitzenstola, Fächer und Plastikfrüchten in der Hochsteckfrisur.

In diesem Jahr waren in unserem Freundeskreis noch zwei weitere außergewöhnliche alte Damen gestorben, zwei weitere Abenteuerinnen, Pionierinnen, Nomadinnen. Da war die Großmutter unserer Freundin Juliet, die in den 1930er-Jahren, gerade mal sechzehn und als Junge verkleidet, per Autostop von Chicago nach Los Angeles reiste. Und die Großmutter von Juliets Ehemann, die etwas früher und etwas jünger einen ähnlichen Treck begleitete, und zu Fuß neben dem vollbeladenen und immer wieder stecken bleibenden Familienwagen herging, den sie alle paar Stunden wieder ankurbeln musste. Quer durch dieses unendlich weite Land, das Amerika ist, vom mittleren Westen über die Rocky Mountains bis nach Seattle. Die Wege dieser mutigen Mädchen hätten sich damals schon kreuzen können, aber sie taten es erst Jahrzehnte später, als sich ihre Enkel ineinander verliebten. Und meine »Tante« Elenita fuhr mehr oder weniger zur selben Zeit mit dem Schiff von Argentinien nach Europa, von einer Finca in ein Schweizer Bergdorf, ein Leben hinter sich lassend, ein neues beginnend. Zum ersten, aber längst nicht zum letzten Mal ganz von vorn anfangend. »Niemand kann mir wegnehmen, was ich erlebt habe«, sagte sie einmal über diesen Moment auf dem Schiff, als sich die Küstenlinie Argentiniens am Horizont verlor und sie wusste, dass sie nie wieder zurückkehren würde.

Wir drei Nachkommen dieser Abenteurerinnen fühlten uns an diesem Abend besonders verbunden. Das Heraufbeschwören unserer Toten, das Erkennen ihrer Gemeinsamkeiten erzeugte eine Nähe, die wir vorher nicht gekannt hatten.

Heute rede ich über Bruno. Ich beschreibe seine natürliche Eleganz, seine immer tadellose Erscheinung, seinen altmodischen Anstand. Ich boxe in die Luft, wo ich seinen Oberarm vermute. Ich mache sein Knurren nach, das ich in diesem Moment zu hören meine. Als wolle er sagen, ich habe nun genug geredet. Seltsam getröstet höre ich den anderen zu. Manche reden so klar und direkt über ihre Muertitos, dass ich meine, sie stünden lebendig vor mir. Andere bleiben in ihren Geschichten auf seltsame Art an der Oberfläche. Einer beschränkt sich auf Namedropping, wenn er über seine verstorbene Galeristin spricht: »Sie kannte Soundso, sie hatte einen echten Dingsda über dem Kamin hängen, in ihrem Haus begegnete ich zum ersten Mal Demunddem …« Eine andere Freundin zitiert jedes Jahr dasselbe Gedicht einer Verstorbenen, das fast ausschließlich aus dem Wort »fuck« besteht. »Vielleicht seid ihr jetzt ja schockiert«, sagt sie dann und schaut erwartungsvoll in die Runde, die nachsichtig zurücklächelt. Auch das gehört dazu. Und es ist tröstlich, dass wenigstens eine von uns in diesem Jahr keinen neuen Verlust erlitten hat. Plötzlich erinnere ich mich an eine Gesprächsrunde in einer Zen-Meditationswoche. »Sprecht mit dem Herzen, hört mit dem Herzen zu«, hatte die Lehrerin damals gesagt. Und während ich mich noch fragte, was das bedeuten könnte, fingen die Ersten an zu reden und mir wurde sofort klar: Man spürt es. Man spürt ganz eindeutig, was von Herzen kommt und was nicht. Und es gibt wohl kein größeres Geschenk, als sich auf diese Art mitzuteilen.

Victor sagt nur wenig an diesem Abend. Er, der sonst gerne und ausführlich unterhält, beschränkt sich auf seine Rolle als Zeremonienmeister, er lenkt die Gespräche, er hilft uns, die richtigen Worte zu finden, uns mit unseren Muertitos zu verbinden. Wir reden, bis der Letzte erzählt hat. Bis uns die Essensdüfte vom Altar lange genug in der Nase gekitzelt haben.

Und dann ist es wieder wie immer, wie auf so vielen geplanten oder improvisierten Feiern in diesem Haus. Und doch ist es nicht ganz wie an anderen Abenden. Das Zusammensein mit den Muertitos schafft eine besondere Art von Verbundenheit. Auch wenn wir schnell in den üblichen Partysmalltalk zurückfallen, bleibt diese Innigkeit zwischen uns bestehen.

## FREUNDSCHAFTEN UND LIEDER

Wer bin ich?
Wie ein Vogel fliege ich umher
Ich singe von Blumen
Ich erfinde Lieder
Ich beschwöre Schmetterlinge aus Liedern
Mögen sie aus meiner Seele bersten
Mögen sie mein Herz verzücken.
*Cantares Mexicanos*

Von den drei Dingen, die in der toltekischen Kultur so viel Wert haben, dass sie über den Tod hinaus bestehen, Blumen, Freundschaften und Lieder, sind die Lieder vielleicht die wichtigsten. Jeder Aspekt des traditionellen Lebens, von den religiösen Ritualen bis zu der Arbeit auf dem Feld wird von Musik unterlegt, von Liedern begleitet. Eines der wichtigsten historischen Dokumente über die Philosophie, die Religion und das alltägliche Leben der Azteken sind die *Cantares Mexicanos*, ein Liederbuch, das im sechzehnten Jahrhundert aufgezeichnet wurde.

Alle toltekischen Kinder, Mädchen wie Jungen, besuchten ab fünf oder sechs Jahren eine Art Grundschule im *Cuicacalli*, dem »Haus der Lieder«. Der Unterricht dort bestand fast ausschließlich im Lernen der Lieder, die alles enthielten, was die Kinder wissen mussten: Die Geschichte ihres Volkes, ihres Landes und ihrer Götter. Den Gebrauch der Sprache, die Anwendung der Poesie, selbst das Verrichten alltäglicher Pflichten, das alles wurde in Liedform vermittelt. Der Besuch des *Cuicacalli* war für alle Kinder obligatorisch. Die Jungen der Oberschicht besuchten darüber hinaus entweder *Calmecac*, eine Schule für Politik, Wissenschaft und Administration, oder *Telpochcalli*, eine Art Militärakademie.

Mithilfe von Liedern hat sich schließlich auch das Christentum in Mexiko durchgesetzt. Die ersten Missionare, die aus den Niederlanden gekommen waren, scheiterten kläglich an der Sprachbarriere, sie wurden von den Einheimischen schlicht für verrückt gehalten, wenn sie fuchtelnd und gestikulierend, in einer unverständlichen Sprache, dafür umso lauter zu predigen versuchten.

Sie hatten es auch deshalb nicht leicht, weil die spanischen Eroberer die indigenen Rituale nicht verboten oder gar ausgerottet hatten. Und die bestehende Kultur hatte durchaus Gemeinsamkeiten mit dem Christentum. So gab es eine Art Beichte, ein rituelles Bad für neugeborene Kinder, das der christlichen Taufe ähnlich war, eine Zeremonie, in der kleine Kuchen aus Amaranthmehl gegessen wurden, die man mit Hostien vergleichen konnte. Jungfrauen und Märtyrer wurden in beiden Religionen gleichermaßen verehrt.

»Nirgends werden die Märtyrer in so gruseligen Einzelheiten dargestellt wie in Mexiko«, sagt Victor. »Nirgends wird Jesus so oft und so ausgiebig blutend gezeigt. Das kommt aus unserem kollektiven Gedächtnis. Wenn du Bilder von Tezcatlipoca siehst, war der oft blutüberströmt. Die Priester nach den Opferzeremonien waren blutüberströmt. Das sind kulturelle Prägungen, die sich nicht auslöschen lassen.«

Der zweite Schub von Missionaren, die aus Spanien geschickt wurden, waren Franziskaner. Sie lernten Nahuatl und versuchten, die Sitten der Eingeboren erst einmal zu verstehen – um sie dann besser ausrotten zu können. »Dank der Gnade Gottes habe ich sie kennengelernt und ihre Bräuche verstanden«, rapportierte Pedro de Gante 1558. »Alle Formen der Götterverehrung wurden singend oder tanzend ausgeführt. Als ich das sah, und als ich sah, dass alle ihre Lieder ihren Göttern gewidmet waren, komponierte ich einen feierlichen Gesang über das Gesetz Gottes und den christlichen Glauben und darüber, wie Gott seinen Sohn entsandt hatte, um die Menschheit zu retten, wie er von der Jungfrau Maria geboren wurde, die rein und unberührt blieb. Dies geschah zwei Monate vor Weihnachten.«

Er gab ihnen Kostüme und Heiligenbilder für ihre Standarten, die bisher mit aztekischen Symbolen und Gottheiten bemalt waren. Nun übernahmen sie die traditionellen Abläufe und Choreographien. Die Zahl der Teilnehmer an dieser ersten Weihnachtsprozession, die selbstverständlich mit einem indigenen Feiertag zusammenfiel, war überraschend groß. Wenn die Missionare merkten, dass die Eingeborenen weiterhin ihre eigenen Götter mitverehrten, machten sie kein Aufheben davon. Das ist bis heute so geblieben, die Standarten zeigen oft auf der Vorderseite einen katholischen Heiligen und auf der Rückseite eine aztekische Gottheit. Auch auf den Altären steht hinter jeder Ikone eine Götzenstatue.

Dasselbe geschah mit weltlichen Tänzen. So wurde ein spanischer Tanz, der »Mohren und Christen« heißt, mit Begeisterung übernommen – nur umgekehrt interpretiert. Statt den Sieg der Christen über die Ungläubigen zu feiern, machten sich die eingeborenen Tänzer über die Eroberer lustig.

Vielleicht ist der Katholizismus in Mexiko gerade, weil er es erst so schwer hatte, besonders tief verankert. Weil er gezwungen war, sich mit der bestehenden Kultur zu vermischen, um sich durchzusetzen. Nach und nach bekam jede aztekische Gottheit ein katholisches Pendant, auf jeder Tempelruine wurde eine Kapelle gebaut, jede Zeremonie, jeder Feiertag wurde durch eine christliche Prozession ersetzt.

Ein weiteres Instrument der Christianisierung waren Marienerscheinungen. Sie machten sich die bereits in der

Kultur verankerte Verehrung von Jungfrauen zunutze. Marienerscheinungen waren mit Wunderglauben und Heilsversprechen verbunden, sie lockten Gläubige in die Kirchen und veranlassten sie zu Spenden. Diese Erscheinungen sind heute heftig umstritten, allen voran die der berühmten Jungfrau von Guadalupe. Diese Schutzgöttin der spanischen Eroberer von Estremadura soll vier Mal hintereinander einem Indianerjungen außerhalb von Mexico City erschienen sein, seinen kranken Onkel geheilt und mitten im Winter einen Rosenstrauch zum Blühen gebracht haben. Die Rosenblätter, die der Junge in seinem Umhang sammelte, hinterließen das Bild der heiligen Jungfrau von Guadalupe auf dem Stoff. Die Legende weist gewisse Unstimmigkeiten auf, so hielt sich der erwähnte Erzbischof zu der Zeit gar nicht in Mexiko auf, die Straße nach Mexico City führte auch nicht dort vorbei, wo der Strauch erblühte, und im mexikanischen Klima blühen Rosen ohnehin das ganze Jahr. Und doch wurde die heilige Jungfrau von Guadalupe zum unbestrittenen Symbol Mexikos, zur Schutzheiligen der Indios und Mestizen. Die ihr geweihte Kapelle steht dort, wo sich früher der Tempel der Wassergöttin Tonantzin befand, die man auch die »Mutter der Götter« nannte. Und die Inschrift über dem Eingang zitiert, was die Jungfrau dem Indianerjungen verkündet haben soll, nämlich: »Bin ich nicht hier, ich, die ich deine Mutter bin?«

Mayahuel, die Schutzheilige der Hebammen, wurde durch eine Agavenblüte symbolisiert. Ihr Tempel wurde zerstört, aber die Anwohner kamen immer noch an dieser Stelle zusammen, um sie zu verehren. Da erklärten die Priester flugs eine Marienerscheinung, wie zufällig in einem Agavenstrauch, und bauten eine Kirche an dieser Stelle.

Im Süden, wo Tezcatlipoca verehrt wurde, rissen die Spanier wieder und wieder seine Statue ab. Der Gott der

Dunkelheit wurde als Jaguar dargestellt. Schließlich errichteten die Bewohner die Statue eines dunkelhäutigen Jesus, der einen Lendenschurz aus Jaguarfell trug – und der blieb unversehrt.

Ironischerweise waren die Azteken als Göttersammler bekannt, eine Tatsache, die dem Christentum langfristig entgegenkam. Sie hatten das gesamte toltekische Pantheon mit all seinen Mythen übernommen, und verehrten auch unterschiedslos die Götter der Stämme, die sie besiegten.

Was also, wenn die Azteken die Spanier besiegt hätten, statt umgekehrt? Hätten sie Jesus und Maria einfach in ihre Tempel aufgenommen?

»Eher nicht«, meint Victor. »Das Christentum ist uns schon sehr fremd. Jesus ist ja kein Schöpfer. Er ist mit keinem der Elemente verbunden. Und er hat, wenigstens offiziell, keine Frau. Das gibt es bei uns nicht, alle unsere Gottheiten sind Teil eines Paares, Teil einer Dualität.«

Über viele Jahre konnte Victor keine Musik mehr machen. Er war auf einem Ohr beinahe taub. Eine Untersuchung brachte eine Verknöcherung im Gehörgang zutage, die man operativ entfernen konnte. Da es sich nicht um eine lebensrettende Maßnahme handelte, musste Victor zwei Jahre lang um die Operation kämpfen. Als ob Musik für einen Musiker nicht lebensrettend wäre. Nachdem die Operation endlich bewilligt wurde, zögerte die Anästhesistin angesichts seiner umfangreichen Krankenakte, seiner drei Seiten langen Medikamentenliste. Sie bestand darauf, ihn vor dem Eingriff kennenzulernen. Als sie den Warteraum betrat, wo Victor in seinem Krankenhausnachthemd und der Papierhaube auf dem Kopf herumblödelte, ignorierte sie ihn zuerst. Sie hatte offensichtlich etwas anderes erwartet.

»Sind Sie sicher, dass Sie Victor Zaballa sind?«, fragte sie.

»So sicher, wie man nur sein kann.«

Stirnrunzelnd schaute sie auf die Akte in ihrer Hand. »Müssten Sie nicht kränker sein?«

Nun stand der Operation nichts mehr im Weg. Sie verlief erfolgreich. »Jetzt kann ich wieder Musik machen«, freute sich Victor. Ich freute mich mit ihm, stellte mir vor, dass er mehr Zeit im Studio verbringen würde, mit seiner umfangreichen Sammlung von Flöten und Trommeln, mit seinem verstimmten Klavier und seinen klobigen Synthesizern aus den Achtzigerjahren, die Nerdherzen höherschlagen ließen. Vielleicht auch, dass er seine alten Mitmusiker anrufen würde, um mit ihnen zu üben oder auf der nächsten Party zu spielen. Stattdessen verkündete er eines Tages: »Ich trete diesen Herbst in der Symphony Hall auf.«

»In der Symphony Hall?« Ich musste lachen. Das ist so typisch für Victor. Er hält sich nicht mit kleinen Träumen auf. Oder gar mit der Überlegung, was in einer bestimmten Situation realistisch wäre. Wer so oft dem Tod entronnen ist, wer so viele Diagnosen Lügen gestraft hat, der kann sich wohl alles vorstellen. Vielleicht ist es auch umgekehrt und die unerschütterliche Kraft seiner Fantasie hat ihm geholfen, die Diagnosen und Behandlungen, die Krankheiten und Operationen zu überstehen?

Die Davies Symphony Hall in San Francisco veranstaltet jedes Jahr ein spezielles Konzert zum Día de los Muertos. Sie lädt mexikanische Musiker und Dirigenten ein, spielt traditionelle und moderne Musik und dekoriert das Treppenhaus. Anders als in der Gruppenausstellung in der Somarts sind es aber keine Altäre, sondern einzelne Installationen. Victor hat immer wieder an der Gruppenausstellung teilgenommen, hat die riesigen Fenster mit Scherenschnitten verkleidet und überdimensionale Skelette im

Treppenhaus tanzen lassen. Doch er hatte sich immer gewünscht, einmal auf dieser Bühne zu stehen und seine traditionellen Instrumente zu spielen. Seine umfangreiche Sammlung traditioneller Instrumente hat er im Verlauf der Jahrzehnte durch selbst gebaute Nachahmungen ergänzt, Trommeln aus Abfalltonnen gefertigt und Regenmacher aus Plakatrollen. Seine Musik ist wie seine Kunst in der Tradition begründet, mit modernen Mitteln verfremdet, erweitert, zu seinem persönlichen Ausdruck entwickelt. Und dieses Jahr lud ihn die Symphony ein, genau das zu tun. »Wir brauchen eine traditionelle Ouvertüre«, sagte die Kuratorin.

»Nicht schlecht für das erste Konzert seit Jahren«, sagte ich. Als sei das ganz normal.

Je näher der Termin rückte, desto nervöser wurde ich. Seine Mitmusiker hatte ich noch nie gesehen. Und es war mir auch nicht aufgefallen, dass er mehr als sonst musizierte. Nur ab und zu hörte ich verspielte Klänge aus dem Studio.

»Müsstet ihr nicht vielleicht mal proben?«

»Doch, doch, keine Sorge …«

Am Abend vor dem Konzert hievten wir die riesigen Trommeln, die handgeschnitzte *Teponaztli* mit dem leicht Furcht einflößenden Krokodilgesicht auf den Truck und brachten sie zur Symphony Hall, wo freundliche Bühnenarbeiter sie abluden und wegtrugen. Aus versicherungstechnischen Gründen durften wir das nicht selbst machen. Ich schaute dem Holzkrokodil nach und konnte nicht recht glauben, dass es morgen auf der Bühne der Symphonie stehen würde. Dann fiel Victor plötzlich ein, dass sie ganz in Schwarz auftreten mussten und er nur bunte Hemden hatte. Sollte er sich auf einen so wichtigen Auftritt nicht vorbereiten?, dachte ich. Oder wenigstens früh schlafen gehen? Stattdessen fuhren wir in einen Vorort, irrten nachts um zehn durch halb verlassene Einkaufszentren und suchten nach passender schwarzer Auftrittskleidung.

Wie soll das gehen?, fragte ich mich.

Eine Frage, die Victor sich nicht stellt.

Als ich am nächsten Morgen aufwachte, war Victor schon verschwunden. Viel zu früh fand ich mich zur Matinee ein. Unruhig und unkonzentriert ging ich durch die Gänge, schaute mir die Ausstellung an, ohne viel zu wahrzunehmen, bis endlich die Türen zum Zuschauerraum geöffnet wurden. Und da standen seine Instrumente, ganz selbstverständlich auf der Bühne der Symphony Hall. Ich machte ein paar Fotos, mein Herz klopfte vor Vorfreude, Stolz – und immer noch vor Nervosität.

Langsam füllt sich der Zuschauerraum. Ich suchte meinen Platz, öffnete das Programm und verkniff es mir im letzten Augenblick, meinen Sitznachbarn zu verkünden, dass das mein Mann sei, der jeden Moment hier spielen würde.

Es wurde dunkel. Es wurde still. Das Licht ging an.

Victor stand in der Mitte der Bühne, vor dem Sinfonieorchester, ganz in Schwarz. Er blies sein Muschelhorn, schlug seine Trommeln. Vollkommen selbstvergessen. Ebenso gut hätte er in seinem Studio oder im Garten stehen können. Schwerfällig wand sich die gefiederte Schlange zwischen den Sitzreihen hindurch und umrundete die Bühne. Die jungen Tänzer einer lokalen Truppe hielten die dramatisch bemalten Schlangenglieder, die Flügel hoch über ihren Köpfen. Der Kopf mit der gespaltenen Zunge wackelte gefährlich. Die Schlange bewegte sich im Takt zu Victors Trommeln, doch es war mehr als das, mehr als der Rhythmus, mehr als die Komposition, die ihren Tanz dirigierte.

Ich dachte an den Film *The Eagles Children*, den ich mir vor allem deshalb angeschaut hatte, weil ein junger, federgeschmückter Victor kurz im Bild erscheint. Der Dokumentarfilm aus den Neunzigerjahren versucht, das Phänomen der aztekischen Tanztruppen zu erklären, ihre neu gewonnene Popularität über die Landesgrenzen Mexikos hinaus, ihre Bedeutung für die in Amerika geborenen *Chicanos*.

»Manchmal wundere ich mich ein bisschen, dass wir nicht mehr zum Üben angehalten werden«, sagte eine der Frauen aus Victors Gruppe, während sie mit einem scharfen Messer die Stacheln von den Kaktusohren schabte. »Ich frage mich, müssten wir die Schritte nicht einstudieren, müssen wir die Abfolgen nicht lernen? Aber so funktioniert es nun mal nicht. Du schaust zu, du machst mit, du bist mittendrin, du bist Teil des Ganzen. Deine Füße übernehmen die Kontrolle, du tanzt nicht mehr, du bist der Tanz.«

Es sind die Lieder, die bleiben, die Lieder, die Melodien. Sie klingen über den Tod hinaus, sie durchdringen Generationen, sie setzen sich im kollektiven Gehör fest. Sie gehören allen und niemandem.

## TRAUERN IN ZEITEN STÄNDIGER VERFÜGBARKEIT

Einmal mehr sitze ich im Wartezimmer für Angehörige. Gerade rechtzeitig habe ich mich daran erinnert, dass hier kein Essen oder Trinken zugelassen sind, und meinen dreifachen Espresso draußen heruntergestürzt. Ich sitze nahe beim Bildschirm, der unter anonymisierten Patientennummern den jeweiligen Status anzeigt:

518565: Im Operationssaal.
317282: Im Aufwachzimmer.
430971: Kann Besuch empfangen.

Eine größere Gruppe drängt sich um mich herum, sie sind aufgekratzt, als sei es ein sozialer Anlass, der sie zusammengebracht hat. Gesprächsfetzen entnehme ich, dass sie aus allen Ecken des Landes angereist sind, um den Patienten zu unterstützen. Ältere Paare, einzelne, jüngere Frauen. Sie reden alle durcheinander und ziemlich laut. Ohne es zu wollen, erfahre ich einiges über den Patienten, für den sie hier sind.

Ein Hirntumor, offenbar nicht zum ersten Mal operiert. Da ist Victor noch gut dran, denke ich. Wann habe ich diesen herzlosen Reflex entwickelt, jede Diagnose, jede Krankengeschichte sofort mit der von Victor zu vergleichen?

»Er hat um die Aufzeichnung seiner Hirnströme gebeten«, sagt nun eine der Frauen. Die anderen lachen und nicken, als hätten sie nichts anderes erwartet. »Er sagte, er wolle ein Musikstück damit komponieren.«

Ich schaue erstaunt auf: Dasselbe hat Victor von der Aufzeichnung seines Herzrhythmus gesagt. Zur selben Zeit, im selben Krankenhaus. Zwei Musiker, die sich nicht unterkriegen lassen. Zwei Seelenverwandte?

Soll ich etwas sagen, muss ich etwas sagen? Ich sehe die beiden schon zusammen komponieren, ihre Hirn- und Herzströme zusammenführen. Da springt die Anzeige auf »Kann Besuch empfangen« und die ganze Gruppe setzt sich in Bewegung wie ein unbeholfenes Geschöpf auf zehn Armen-Beinen, das sich mühsam zwischen den Wartenden hindurch zum Ausgang windet.

»Übrigens, er will keine Fotos aus dem Aufwachzimmer auf Facebook sehen«, informiert eine der Frauen den Rest der Gruppe. Die Älteren nicken, die Jüngeren zucken mit den Schultern.

Ich bleibe einen Moment allein zurück, bis sich die Sitze um mich herum wieder füllen. Der Bildschirm zeigt über zwanzig verschiedene Nummern an, über zwanzig verschiedene Patienten, über zwanzig Schicksale, die sich zur selben Zeit, am selben Ort entscheiden.

Victor will auch keine Bilder aus dem Krankenhaus. Er will nicht über seine Gesundheit definiert werden. Das bewundere ich. Das respektiere ich. Und manchmal stört es mich gewaltig. Manchmal wünschte ich mir etwas mehr Anteilnahme. Denn es ist einfach so, dass Victors Gesundheit ihn zwar nicht als Mensch definiert, aber unser gemeinsames Leben über weite Strecken bestimmt. Es ist nicht immer einfach für mich, das aus allem auszublenden. Wie naheliegend wäre es, direkt aus dem Wartezimmer zu posten und mich in der augenblicklichen virtuellen Anteilnahme zu suhlen, mich mit der wachsenden Anzahl von Tränen und Herzchen zu trösten. Aber würde es helfen? Ich weiß es nicht.

Ich beobachte mich dabei, wie ich fast obsessiv die Krankheits- und Trauerverläufe dieser Facebookfreunde verfolge, die ich persönlich nicht mal kenne. Das haben die Tolteken wohl nicht gemeint, wenn sie Freundschaft zum Ideal erklärten, das selbst den Tod überlebt …

Ebenso fasziniert wie abgestoßen bemerke ich die Unmittelbarkeit, mit der eine Diagnose, ein Verlust geteilt wird. Da ändert einer sein Profilbild zu einem schwarzen Quadrat. Auf besorgtes Nachfragen beziehungsweise eine Reihe Fragezeichen antwortet er mit der erschütternden Nachricht, dass sein Sohn Selbstmord begangen hat. Hunderte hinterlassen weinende, fassungslose Emojis. Aber hat auch jemand angerufen, ist jemand bei ihm vorbeigegangen? Auf sozialen Medien können wir unser Mitgefühl einfach ausdrücken. Die Emojis sind schon da: Tränen, gebrochene Herzen, Herzen mit ausgestreckten Armen. Umärmel-Arme. Da können wir wenig falsch machen. Wir schicken lieber virtuell »viel Kraft«, als uns der geballten Wucht der Trauer »in real life« zu stellen. Denn was haben wir ihr schon entgegenzusetzen? Nichts. Wir können sie nicht aufhalten, nicht lindern, nicht auf ein erträgliches Maß zurückstutzen. Wir können sie nicht mit guten Ratschlägen und vorgekochten Mahlzeiten in Schach halten. Und vor allem haben wir die Worte nicht, die sie vertreiben würden. Wir können nur da sein und sie mit aushalten, die Trauer. Und das haben wir nie gelernt.

Dabei fühlen wir so viel: Herzschmerz, Tränen, Umärmel.

Wie kann man in einem solchen Moment den Laptop aufklappen, frage ich mich, wie kann man sich auf seiner Plattform einloggen und einen Post verfassen? Wie kann man überhaupt an so etwas denken?

Oder ist es im Gegenteil die vernünftigste Art, alle Beteiligten und Interessierten auf einmal zu informieren, in einem Moment, in dem man sich beim besten Willen nicht durch sein Telefonbuch reden kann? Immerhin entstand *Arbeit und Struktur*, ein Buch, für das ich endlos dankbar bin, auch aus dem Blog, mit dem Wolfgang Herrndorf ursprünglich nur seine engsten Freunde über den Verlauf seiner Krankheit informieren wollte.

Was weiß ich schon.

Ich verfolge diese Geschichten, weil ich sie mit meiner eigenen vergleiche. Weil ich mir Zuspruch erhoffe, weil ich eine Karte brauche, um mich in diesem fremden Land zurechtzufinden. Vielleicht war ich deshalb die letzten paar Jahre geradezu besessen von Elizabeth Gilbert. Angefangen hatte das, als sich die Autorin des Monsterbestsellers *Eat, Pray, Love* in ihre beste Freundin Rayya Elias verliebte, nachdem diese mit Bauchspeicheldrüsen- und Leberkrebs diagnostiziert worden war. »Im selben Moment, als ich von Rayyas Diagnose erfuhr, öffnete sich eine Falltür auf dem Grunde meines Herzens (eine Falltür, von der ich nicht einmal wusste, dass sie da war) und meine gesamte Existenz brach durch sie hindurch. Von diesem Moment an gab es nur noch SIE«, verkündete die Autorin im September 2016 auf Facebook. »In den Tagen und Wochen, die auf Rayyas Diagnose folgten, passierte etwas mit meinem Herzen, mit meinem Geist. Der Tod – oder die Aussicht auf den Tod – hat so eine Art, alles wegzufegen, was nicht echt ist. Und in dieser schieren, vollständigen Echtheit war ich mit der Wahrheit konfrontiert: Ich liebe Rayya nicht nur, ich bin in sie verliebt. Und ich habe keine Zeit mehr, diese Wahrheit zu leugnen. Die Vorstellung, eines Tages in einem Krankenhauszimmer zu sitzen, ihre Hand zu halten, sie hinübergleiten zu sehen, ohne ihr – oder mir! – das ganze Ausmaß meiner Gefühle für sie eingestanden zu haben – nun, diese Vorstellung war unvorstellbar!«

Das konnte ich sofort nachvollziehen. Das Bewusstsein, dass die Zeit begrenzt ist, relativiert so vieles. Die Dringlichkeit, die dadurch entsteht, macht vieles möglich, was man sich sonst endlos überlegen würde. Ähnlich wie Herrndorf angesichts seines angekündigten Todes seine lähmenden Selbstzweifel ablegte, ist auch meine tief sitzende Angst davor, mich noch einmal zu verlieben, noch einmal zu vertrauen, noch einmal alles zu geben, im Bewusstsein der gezählten Stunden von mir abgefallen.

Und das hat durchaus etwas Befreiendes. Das ist beflügelnd und kräfteraubend zugleich. Auch wenn ich mir nichts mehr wünschte, als dass Victor gesund wäre – er ist es nicht. Das ist die Realität. Wir haben sie uns nicht ausgesucht, aber wir versuchen, ihr so viel abzugewinnen wie möglich.

»Die Welt wird zu einem gefährlichen Ort«, sagte Gilbert in der Radiosendung *The Moth*. »Jeder Riss im Asphalt, jeder Rollbrettfahrer, jeder große Hund stellt eine Bedrohung dar.« Mit hinreißender Offenheit beschrieb sie ihren Vorsatz, die absolut tollste Sterbebegleiterin der Geschichte zu werden, ihrer Freundin alles so einfach und komfortabel wie nur menschenmöglich zu machen, mit grenzenloser Hingabe und Geduld für sie da zu sein. Das Leben hatte andere Pläne. Rayya hatte andere Pläne. Sie wollte die helle, geräumige Wohnung in Manhattan nicht, die die Bestsellerautorin für sie gemietet hatte. Stattdessen zog sie zurück in ihre heruntergekommene Heimatstadt Detroit, in ein baufälliges Haus voller Stufen und Schwellen. Sie verjagte jede einzelne Palliativpflegerin, die Elizabeth für sie engagierte, und holte stattdessen ihre gesammelten Verflossenen ins Haus. »Sie starb so, wie sie gelebt hat, umgeben von schönen Frauen, die ihr vollkommen ergeben waren.«

Es hat mir geholfen, das zu hören. Mich daran zu erinnern, dass auch ein schwer kranker, ein sterbender Mensch nicht in erster Linie das ist: krank und sterbend. Sondern immer noch bis zum letzten Atemzug er selbst.

Es hat mir ebenso geholfen zu hören, dass die Autorin immer wieder an ihren eigenen Ansprüchen scheiterte und keineswegs die engelsgleich geduldige Gefährtin war, die sie sich vorgenommen hatte zu sein. Dass sie an ihren eigenen Ansprüchen scheiterte und gewillt war, darüber zu reden. Sie half mir, mich nicht zu verlieren.

»Du darfst dein Leben nicht meinetwegen anhalten«, sagt Victor immer wieder. Er schiebt mich fast zur Tür hinaus, wenn eine neue Lesereise ansteht und ich zögere. Was, wenn er stirbt, wenn ich nicht da bin? Was, wenn ihm etwas zustößt? Was, wenn ich es hätte verhindern können?

»Du bist nicht Gott«, werde ich immer wieder ermahnt. »Es liegt nicht in deiner Macht.«

Ich weiß. Aber trotzdem. Wer sich um einen kranken, sterbenden, geliebten Menschen kümmert, muss sich nicht viele Fragen stellen. Sein Lebensinhalt ist vorgegeben. Das ist eine ungeheure Belastung, aber es kann auch eine schwer einzugestehende Erleichterung beinhalten, die vorübergehende Erlaubnis, sich nicht um die eigenen Baustellen kümmern zu müssen.

»Benutze mich bitte nicht als Ausrede«, sagt Victor. »Leb dein Leben. Mach deins.«

Geh auf deine eigene Jagd.

Kann man sich auf den Tod des geliebten Menschen vorbereiten? Rayya Elias hatte eine klare Diagnose. Bauchspeicheldrüsenkrebs. Leberkrebs. Endstadium. Nicht behandelbar. Victors Gesundheitszustand hingegen entzieht sich medizinischer Beurteilung. Er könnte noch zehn Jahre leben oder zehn Tage. Neulich wurde eine Ultraschallkardiografie von der alarmierten Technikerin abgebrochen. »So etwas habe ich noch nie gesehen«, wiederholte sie ein ums andere Mal. »Weiß Ihr Arzt das?«

Der diensthabende Kardiologe war gerade nicht auf der Station, die Technikerin war nicht befugt, Victor in die Notaufnahme einzuweisen. Er überzeugte sie, dass das auch gar nicht nötig sei. Schließlich wurde er entlassen. Als wir schon auf dem Heimweg waren, klingelte das Telefon. Der diensthabende Kardiologe, der Victor nicht kannte, nur seine Krankenakte und den alarmierenden Bericht der Technikerin vor sich hatte, stammelte: »Eigentlich müsste ich Sie jetzt einweisen … Wie fühlen Sie sich denn?«

»Oh, mir geht es *muy very good*, machen Sie sich keine Sorgen!«

Auch der Arzt ließ sich schließlich von Victor überzeugen, dass er zu Hause am besten aufgehoben wäre. Er nahm ihm das Versprechen ab, sofort in die Notaufnahme zu kommen, wenn ihm schwindlig würde oder er keine Luft bekäme. Ich saß daneben und rang meine Hände, eine Geste, unter der ich mir nie etwas vorstellen konnte, bis ich echte Sorgen hatte. Wie immer in solchen Momenten war ich heillos überfordert. Musste ich nicht eingreifen? Oder sollte ich Victor im Gegenteil vertrauen? Schließlich lebte er schon so lange mit diesen Symptomen, er kannte seinen Körper und hatte früher auch ohne mich überlebt. Ich wollte ihn nicht entmündigen, nicht wie ein Kind behandeln. Andererseits würde ich es mir nie verzeihen, wenn ihm etwas passieren sollte, das ich hätte verhindern können. Wenn ich früher eingegriffen, mich früher durchgesetzt hätte.

Du bist nicht Gott, erinnerte ich mich. Es liegt nicht in deiner Hand.

Und Victor beruhigte mich: »Die kennen mich nicht«, sagte er. »Die wissen nicht, dass ich ein medizinisches Wunder bin.« Der Hochmut, oder der Übermut, der aus seinen Worten klang, riss mich wieder mit. Wir gingen uns einen alten Film anschauen und aßen in der Pause einen Hotdog. Victor starb nicht an diesem Abend.

Aber Rayya starb. Und Elizabeth Gilbert trauerte. Ich folgte ihr jetzt sporadischer, so weit konnte ich ihr noch nicht folgen, so weit war meine Geschichte noch nicht fortgeschritten. Mehr zufällig erfuhr ich deshalb, dass sich die Autorin wieder verliebt hatte, knapp ein Jahr nach Rayyas Tod. Wieder bestand sie darauf, sich selbst und die Öffentlichkeit nicht zu schonen. Sie wollte anderen in derselben Situation zeigen, dass auch das in Ordnung ist. »Dein Herz ist eine gigantische Kathedrale«, verkündete sie. »Lass es aufgehen, lass es lieben. Lass dich von deiner prächtigen Loyalität zu den Verstorbenen nicht davon abhalten, alle Wunder und Schrecken deines kurzen, endlichen, kostbaren Lebens zu erfahren.«

Es ist wichtig, so etwas zu sagen, so etwas zu hören. Ich weiß das. Aber ich kann nicht. Ich kann nicht, ich will nicht so weit denken. Victor ist meine letzte Liebe, das meine ich zu wissen, und weiß doch genug, um zu wissen, dass ich gar nichts weiß.

# 6. DIE LEBENDEN

## VETERANEN DER TRAUER

Mit dem Altar ist es wie mit dem Christbaum: Jedes Jahr steht er ein wenig länger da. Die Scherenschnitte, die das Bücherregal verkleiden, bleiben unterdessen das ganze Jahr hängen, ebenso wie die tanzenden Skelette unter der Decke. Der Día de los Muertos braucht eine Weile, um auszuklingen. Ich baue den Altar so langsam ab, wie ich ihn errichtet habe. Werfe die verblühten Ringelblumen auf den Kompost und wasche die Vasen aus. Alles kommt zurück an seinen Platz: die Bilderrahmen, die Schälchen und Gläser und Teller. Ich esse das letzte Totenbrötchen, es schmeckt trocken und altbacken.

Löse die Fotos von den Pillenröhrchen und stecke sie in ihre Umschläge zurück. Als ich Brunos verschmitztes Gesicht sehe, halte ich inne. Der Schmerz über seinen Tod wird vom Schmerz um seine Frau und seine Kinder überlagert. Als Anita starb, meine Schwägerin, war ich unendlich traurig. Ich brauchte lange, um die Ungerechtigkeit, als die ich ihren plötzlichen, frühen Tod empfand, irgendwie einordnen und wegstecken zu können. Aber sie war nicht aus meinem Leben gerissen worden. Mein Schmerz galt in erster Linie ihren Kindern und meinem Bruder, nicht mir selber. Selbst mein Vater, der starb, bevor wir unsere Beziehung klären konnten, hinterließ eine von Erleichterung durchzogene Trauer.

Der Tod hat mich so lange verschont, denke ich. Ich habe noch nie direkt vor ihm gestanden, in der ersten Reihe. Ich bin nicht gerüstet.

»Du hast keine Ahnung«, bestätigt Sonny. Wir kennen uns seit zwanzig Jahren. Damals schrieb ich eine Geschichte über eine der ersten gleichgeschlechtlichen Massenhochzeiten in der City Hall in San Francisco. Sonny und Salvador waren eines der Paare, die ich begleitete. Unterdessen ist Salvador gestorben, mit knapp vierzig, an AIDS. Sonny und ich sind all die Jahre in losem Kontakt geblieben und sehen uns jetzt wieder öfter.

»Ich weiß schon, warum du mich ausgerechnet jetzt wieder angerufen hast!«

Ertappt zucke ich mit den Schultern. Es stimmt, ich suche die Gesellschaft von Trauernden, von Trauererfahrenen. Als könnten sie mich auf das Unausweichliche vorbereiten. Als könnte ich von ihnen lernen.

Sonny kennt den Tod. Er hat mit der Sense in seinem Leben gewütet, willkürlich zugeschlagen, grausame Wunden gerissen. Sonny hat seine beiden großen Lieben durch eine schreckliche Krankheit begleitet und begraben, ebenso wie die meisten seiner Freunde. Er war selber so krank, dass er nicht mehr leben wollte. Sein Umfeld war fast vollständig dahingerafft worden, die Unterstützung ermattet. Sonnys Leben ist von unendlichem Leid geprägt. So wie das Leben der meisten schwulen Männer in seinem Alter.

»Ich war im Krieg«, sagt Sonny. »Du nicht. Du hast keine Ahnung, Liebes.«

Er sagt es zärtlich und vielleicht ein bisschen neidisch. Er hat recht. Was weiß ich schon.

Ich versuche, die Ungewissheit, die Sorge, die ich jetzt empfinde, zu vervielfältigen. Mir vorzustellen, dass nicht nur der Mann, den ich liebe, sondern alle um mich herum, mein ganzes Umfeld, alle meine Freunde und auch ich selbst von Krankheit und Tod bedroht wären. Dass ich nicht einen Menschen verlieren würde, sondern alle. Ich versuche mir vorzustellen, dass ich das alles überleben, dass ich weiterleben würde. Dass ich nicht aufgeben würde.

Ich kann es nicht.

Ich lade Sonny zu unserer Día-de-los-Muertos-Feier ein, aber er lehnt ab. »Das sagt mir nichts. Ich habe meine eigenen Rituale.« Er überlegt einen Moment. »Diese Welle, die uns erfasste, die uns wegschwemmte – wir waren nicht vorbereitet. Wir mussten jeden Schritt selber erfinden. Niemand wollte uns pflegen, also pflegten wir uns gegenseitig. Niemand wollte uns helfen, also halfen wir uns selbst. Wir lernten Fürsorge, aber wir lernten auch zu kämpfen. Als mein langjähriger Partner starb, durfte man AIDS in den Anzeigen noch gar nicht als Todesursache nennen. Als Liebhaber konnte man die Anzeige nicht unterschreiben, die Beerdigung nicht organisieren, wir hatten keine Rechte. Das hat sich alles geändert. Von Grund auf. Das haben wir geändert.«

Sonny schenkt mir eine kleine Statue der Santa Muerte, die Salvador, seiner zweiten großen Liebe, gehört hat. Eine *Calavera*, ein Skelett im roten Umhang, in einer Hand eine Sichel, in der anderen eine Erdkugel. Diese weder von der katholischen Kirche noch von den traditionellen indigenen Gruppen anerkannte Schutzheilige des Todes und der Nacht hat seit den Neunzigerjahren erst in Mexiko und dann auch in Nordamerika an Bedeutung gewonnen und zieht eine immer größere Gefolgschaft an, die in den Gefängnissen noch gewachsen ist. Vor allem die Auftragskiller der Drogenkartelle huldigen ihr. »Jeder Mensch, den ich töte, ist ein Opfer an meine Herrin«, gab einer zu Protokoll. Nur so könne er mit seinen Taten leben. Die Santa Muerte ist die Einzige, die ein Leben wie seines nicht verurteilt, die ihm Sinn verleiht. Die Herrscherin der Dunkelheit beschützt aber auch all jene, die im Dunkeln leben, denen sonst niemand Schutz bietet: Obdachlose, Prostituierte, Süchtige. In den letzten zehn Jahren wurde sie mehr und mehr von der LGBTQ-Gemeinde verehrt.

»Ich mochte sie nie«, sagt Sonny. »Ich sah mich nie als ein Geschöpf der Dunkelheit.« Kopfschüttelnd nimmt er mir die Statue wieder aus der Hand und steckt sie in seine Tasche. »Das gilt ja auch für dich.«

Heimlich bin ich froh, denn obwohl ich mich daran gewöhnt habe, von Skeletten und Totenköpfen umgeben zu leben, ist mir die Santa Muerte unheimlich. Ihr fehlt die Unbeschwertheit, die ich mit der Totenkultur Mexikos in Verbindung bringe.

Ich erinnere mich an etwas, das Sonny vor zwanzig Jahren gesagt hat: »Ich bin ein Glückspilz. Ich habe zweimal die große Liebe gefunden!«

Er schnaubt ein bisschen, als ich ihn daran erinnere. Er wirkt jünger als vor zwanzig Jahren, fitter. Er hat etwas zugenommen, er bewegt sich leichter und fast ohne Schmerzen. Das ist noch nicht lange so.

»Es gab eine Zeit, da wollte ich nicht mehr. Aber ich hatte die Hunde, und ich hatte meine Freunde und all die anderen Patienten, denen ich helfen konnte …« Er zuckt mit den Schultern. »Und ich wurde einem neuen Arzt zugeteilt, der eine andere Kombination von Medikamenten verschrieb, die Schmerzen gingen zurück und verschwanden fast ganz.« Sonny arbeitet heute im Tierheim, trainiert therapeutische Unterstützungshunde. Nächste Weihnachten wird er zum ersten Mal seit dreißig Jahren San Francisco verlassen: Er will nach Santa Fe kommen und die mit Windlichtern geschmückte Straße sehen.

»Es ist gar nicht so einfach, das Leben wieder zuzulassen, wenn du es mal aufgegeben hast.«

Es gibt die Verschonten und es gibt die Versehrten. Es gibt die, die im Krieg waren. und die, die zu Hause geblieben sind. Ich bin eine Verschonte. Der Tod hat mich übersehen. Aber jetzt sitzt er neben mir auf dem Sofa, streckt seinen knochigen Arm nach mir aus und grinst.

Was bleibt mir anderes übrig, als mich mit ihm anzufreunden?

## GESICHT UND HERZ

> Der reife Mann ist ein Herz
> Verlässlich wie ein Fels
> Ist ein weises Gesicht
> Besitzer eines Herzens, Besitzer eines Gesichts
> Ist er fähig und verständnisvoll
>
> *Fray Bernardino de Sahagún, Primeros Memoriales*

Victors Vater ist gestorben, im Alter von neunzig Jahren, nicht unerwartet, nicht tragisch. Trotzdem ist er traurig. Natürlich ist er traurig. Er weint, wenn er daran denkt, dass er ihn am Vatertag anrufen wollte. Er lacht, wenn er sich erinnert, dass der störrische alte und vom Krebs gezeichnete Mann bis vor einem halben Jahr noch voll gearbeitet hat. Und er entwirft im Kopf schon mal den Altar für dieses Jahr neu. »Mein Vater wird einen sehr schönen Día de los

Muertos haben, er wird sehr glücklich sein.« Immer wieder sagt er das: »Der wird sich freuen! Der wird glücklich sein!«

»Wir trauern, ohne zu leiden«, hat er mir mal erklärt. Ich habe es nicht verstanden, für mich ist das eine untrennbar mit dem anderen verbunden. Aber jetzt flackert eine Ahnung auf, wie das gehen könnte.

»Ich vermisse meine Muertitos«, sagt Victor. »Natürlich vermisse ich sie. Und ich bin traurig. Aber es schwingt immer auch Freude mit, weil ich sie ja im November sehen werde. Wenn ich an meine toten Freunde denke, denke ich: Wir sehen uns im November!« Er taucht in seine Erinnerungen ein wie in seine Träume, er spult sie ab wie Filme. Er sieht Stephen in seinem Sechzigerjahre-Anzug, in seinen Lederschuhen die Küste entlangwandern. Er sieht ihn auf dem Zeltplatz spät nachts noch ein Feuer anfachen und eine richtige Mahlzeit kochen. Einer nach dem anderen kriechen die verschlafenen Kampierer aus ihren Zelten, vom Duft geweckt, eine improvisierte Party mitten in der Wildnis. »Wir haben so viel zusammen erlebt«, sagt Victor. Daran denkt er. An das, was sie zusammen hatten. Nicht an das, was ihm jetzt fehlt. »Da fällt mir ein, dass er damals seine Curryphase hatte, als er das erste Mal aus Indien zurückkam. Ich darf nicht vergessen, etwas Indisches für ihn auf den Altar zu stellen. Ich denke an ihn, als wäre er noch da. Als wenn ich ihn noch sehen könnte.«

Jemanden zu vermissen, ist eines. Mit seiner Abwesenheit zu hadern, etwas anderes. Wie man mit dem Tod umgeht, ob man ihn fürchtet oder ihn begrüßt, ob man ihn verdrängt oder miteinbezieht, ob man ihn totschweigt oder ihn neckt – das wirkt sich auf das ganze Leben aus.

»Ich bin mit unheilbarer Fröhlichkeit geschlagen«, sagt Victor immer. Das stimmt, aber nicht nur. Ich sehe oft, wie er sich bewusst gegen die Verzweiflung entscheidet.

»Haben Sie Schmerzen?«, fragte die Notärztin. Victor

war in der Werkstatt gestolpert und hatte sich an einer scharfkantigen Metallplatte den Unterarm aufgeschlitzt. Die Wunde klaffte, sie würde genäht werden müssen. Irgendwann in den nächsten zwölf Stunden, sobald jemand zur Verfügung stand.

Was ist das denn für eine Frage, dachte ich, aber sagte nichts. Victor schüttelte den Kopf.

»Möchten Sie ein Schmerzmittel?«

»Nein«, sagte er stoisch.

Ich sagte immer noch nichts. Erst später, als alles vorbei war, fragte ich nach.

»Natürlich hatte ich Schmerzen! Aber Schmerzen, die ich einschätzen konnte: Hier ist meine Wunde, hier ist mein Schmerz. Damit kann ich umgehen.«

Er erzählt mir, wie er die Wunde ausgewaschen hat, bevor er nach mir rief. Wie er das Blut so gut wie möglich stillte. »Dabei konzentrierte ich mich die ganze Zeit darauf, dass die Wunde gut verheilt, dass alles wieder gut wird.« Selbstbeschwörung, dachte ich. Und verstand jetzt auch, warum er mich sofort unterbrochen hatte, als ich verzweifelt ausrief: »Was? Du bist hingefallen?«

»Werd jetzt nicht laut«, sagte er knapp. »Das hilft nichts.«

Das ist eine Lebenshaltung, eine Disziplin. Und diese wurzelt nicht nur in seinem sonnigen Gemüt, sondern auch in seiner Kultur.

Als er sieben oder acht Jahre alt war, besuchte er das Anthropologische Museum. Am Eingang waren Zeilen aus den *Cantares Mexicanos* eingemeißelt. Victor las.

*Niemand ist mit dem Schenker des Lebens befreundet.*
*Wir beten vergeblich.*
*Wir weinen vergeblich.*
*Wir hoffen vergeblich.*
*Er hört uns nicht.*

»Das leuchtete mir sofort ein«, sagte er. »Das war genau meine Erfahrung als Kind, mit meiner Mutter. Ich konnte sie nicht zufriedenstellen, ich konnte ihren Schlägen nicht ausweichen, egal, was ich tat. Diese Zeilen befreiten mich, weil ich mit unwiderruflicher Klarheit wusste: Ich war auf mich gestellt. Wenn ich mir eine Eisenbahn wünsche, muss ich mir sie selber basteln. Wenn ich Künstler werden will, muss ich auf einen Malkasten sparen, mich nachts aus dem Bett schleichen und heimlich malen. Wenn ich glücklich sein will, muss ich glücklich sein.«

Die Philosophie der Tolteken beruhte auf zwei komplett gegensätzlichen Konzepten, auf einem Widerspruch. Auf der einen Seite das Bewusstsein, dass das Leben endlich ist, dass die fünfte Sonne auch untergehen wird und dass das Dasein – beziehungsweise die Götter, die dieses Dasein möglich machen – Opfer fordern. Opfer am eigenen Leib, vom eigenen Blut.

Auf der anderen Seite eine intellektuelle Suche nach dem Sinn dieses Daseins, nach der Wahrheit und nach dem Ausdruck dieser Wahrheit. Das Leben des Einzelnen hat also einerseits wenig Bedeutung und ist andererseits Gegenstand intensivster Überlegungen.

Diese beiden gegensätzlichen Prinzipien haben eine ebenso einfache wie widersprüchliche, pragmatische wie poetische Philosophie geboren: Es zählen nur die vergänglichen Dinge, die Blumen, die Lieder, die Freundschaften. Nur sie bleiben. Dieses Leben ist nicht von Dauer, deshalb muss man es aus vollem Herzen und mit vollem Einsatz leben. Ein Gesicht und ein Herz haben. Das erreicht man am ehesten als Künstler oder Kunsthandwerker. Aber dazu braucht es Disziplin und Hingabe. (»Arbeit und Struktur«, denke ich einmal mehr.) Die *Cantares Mexicanos* beschreiben das sehr genau: »Der Aaskünstler arbeitet nur, wenn es ihm passt, er macht sich über andere lustig, macht die Dinge undurchsichtig, streicht über die Oberfläche, arbeitet ohne Sorgfalt, betrügt andere, er ist ein Dieb«, heißt es da gnadenlos. »Der wahre Künstler hingegen ist diszipliniert, vielfältig, fähig, überströmend, rastlos und praktisch. Er unterhält den Dialog mit seinem Herzen, er begegnet den Dingen mit seinem Geist. Und Amantécatl, der Federkünstler, ist ganz: Er hat ein Gesicht und er hat ein Herz.«

Freundschaften pflegen, Lieder singen, Gedichte schreiben. Diszipliniert und ehrlich arbeiten. Teil der Gemeinschaft sein, dem eigenen Leben nicht zu viel Bedeutung beimessen. Ein Gesicht haben, eine Rolle, eine Bestimmung. Ein Innenleben, eine Gefühlswelt, Anteilnahme: ein Herz.

»Unsere Tradition hat nur für uns Sinn«, sagt Victor immer wieder. Aber das sehe ich, je länger ich darüber nachdenke, desto weniger so. Denn nach diesen Grundsätzen kann ich auch leben. Will ich auch leben.

## ZWEI MÄNNER AM SEE

> Sind wir nicht glücklich hier auf der Erde?
> Es scheint, als seien wir Freunde
> Also gibt es das Glück auf dieser Erde
>
> *Cantares Mexicanos*

»Wir machen einen Ausflug«, verkündet Victor. Irritiert schaue ich vom Bildschirm auf. Wider besseres Wissen und gegen alle Erfahrung maße ich mir immer noch an, meinen Tagesablauf vorausplanen zu wollen.

»Einen Ausflug? Jetzt? Wohin denn?«

Ich war gerade erst aus Santa Fe zurückgekommen. Immer wieder hatte ich die Reise dorthin aufgeschoben, war bei Victor in San Francisco geblieben, während er sich von einer Lungenentzündung erholte. Eigentlich wollte ich mich für ein paar Wochen in meine *Casita* zurückziehen, um in Ruhe zu schreiben. Doch ich war keine drei Tage dort, als ich auf Umwegen erfuhr, dass Victor vor Schmerzen kaum mehr gehen konnte. Das Antibiotikum, mit dem seine Lungenentzündung behandelt worden war, hatte seine Achillessehnen angegriffen. Eine seltene, aber bösartige Nebenwirkung. Wenn die Sehnen jetzt rissen oder sich ganz zersetzten, würde er gar nicht mehr gehen können. Obwohl wir wie immer ein- oder zweimal pro Tag skypten, hatte er mir nichts davon gesagt. Diese neue Komplikation überforderte mich. »Was für ein verschissenes, verdammtes Pech!«, rief ich.

Victor blieb stoisch. »Nicht Pech, nur eine Nebenwirkung«, sagte er. »Und es hilft auch nichts, wenn du laut wirst.«

Ich klappte meinen Laptop zu und buchte den nächsten Flug nach San Francisco zurück.

»Ich habe einen Abgabetermin«, erinnerte ich ihn jetzt.

»Nimm dein Buch mit«, sagte er schulterzuckend. »Ich fahr ja auch zum Malen raus!«

Und ich gab nach. Denn es war genau das, was ich so bewunderte, was mir so guttat, diese Art, das Leben am Schopf zu packen, den sprichwörtlichen Moment zu nutzen. In seinem Zustand konnte Victor nicht in der Werkstatt arbeiten, keine großen Projekte in Angriff nehmen, nun gut, dann würde er eben aquarellieren, kleinformatige Landschaften malen. »Wir leben schließlich in einer der schönsten Gegenden der Welt.« Er mochte hinken, aber Auto fahren konnte er. So oft er konnte, fuhr er aus der Stadt, hielt irgendwo, wo ihm die Aussicht gefiel, und malte, bis er alles andere vergessen hatte. In der Stadt war es kalt, neblig und grau, aber auf der anderen Seite der Brücke würde die Sonne scheinen.

Auf dem Weg aus der Stadt holten wir René ab. Es war etwa ein Jahr vor seinem Tod, er hatte gerade in Absprache mit seinen Ärzten die Behandlung abgebrochen und plante nun sein letztes großes Geburtstagsfest. Und eine Einzelausstellung.

Ich saß hinten, ließ die Männer reden, die alten Freunde, Veteranen der Krankheit und der Kunst. René wurde in seinem Krankenhaus zum Teil von denselben Ärzten behandelt wie Victor an der Uniklinik. »Doctor Carina«, wie wir sie nannten, war letzten Herbst zur Vernissage der Día-de-los-Muertos-Ausstellung gekommen.

»Meine Ärztin ist hier«, hatte René strahlend verkündet.

Und Victor, etwas steif: »Du meinst wohl *meine* Ärztin!«

Auch jetzt fielen sie sofort in einen spielerischen Wettkampf: »Ich habe Doctor Carina neulich ausgeführt«, erzählte René. »Wir hatten ein Date. *Man, I'm in love!*«

Victor fragte so lange nach, bis aus dem Date eine Tasse Kaffee wurde, und konterte: »Ich hab ihr neulich ein Aquarell geschenkt!«

Die Ärztinnen – und Ärzte, bleiben wir fair – werden auf alle Partys eingeladen, wie Stars empfangen und behandelt. »Doctor Lilly«, Victors neue Hausärztin, saß letzte Weihnachten etwas eingeschüchtert auf einem eilends für sie frei gemachten Sessel und empfing die Huldigungen von Victors Freunden, die einer nach dem anderen zu ihr kamen, ihr Essen brachten, das Glas auffüllten, ihre Hand schüttelten, sich bei ihr für die gute Betreuung bedankten. »Wir brauchen Victor«, sagten seine Freunde. »Schauen Sie bitte, dass er am Leben bleibt!«

Ich blicke aus dem Fenster, sehe die orangefarbenen Brückenpfeiler vorbeiziehen, den Nebel sich lichten. Victor hat recht, wir leben an einem der schönsten Orte der Welt. Mit einem Ohr höre ich den Männern zu, die gerade die Pläne für Renés Geburtstagsparty diskutieren. Welche Musiker sollen spielen, wen wolle man einladen, könnte man Filme projizieren? Und wer würde das Essen liefern?

»Das ist schließlich mein letzter Geburtstag, da wird nicht gespart!« René lebte schon so lange mit dem Tod, erst mit dem seiner Frau, die selber jahrelang gegen einen besonders störrischen Krebs gekämpft hatte, und jetzt mit seinem eigenen. Er sprach offen und unsentimental über seine Krankheit und über seine Prognose.

»Drei Monate sind mir einfach zu wenig«, sagte René »Das reicht nicht. Ich will ja noch eine Ausstellung machen. Aber ich finde schon einen Arzt, der mir sechs verspricht …« Und dann fiel ihm etwas anderes ein: »Hast du schon mal Tortillas aus der Dose gegessen? Das haben sie mir mal in Virginia vorgesetzt, voller Stolz auf das echte mexikanische Essen! Kannst du dir das vorstellen?«

»Das ist noch gar nichts, ich hatte neulich eine *Tostada de Camarones* mit Thousand-Island-Dressing, und zwar hier in Kalifornien!«

Das Gespräch wandte sich dem Essen zu, der amerikanischen Unsitte, alles mit Sahne und Käse zu bestreuen und in Supersize-Portionen zu servieren.

Ich hörte zu.
Ich lernte.
Wie redet man über das Sterben?
Wie redet man mit einem Sterbenden?
Wie man mit den Toten redet.
Wie man mit den Lebenden redet.

An einem Stausee etwa eine Stunde nördlich von San Francisco hielten wir an. Der Nebel hatte sich aufgelöst, hier war schon Sommer. Alles war grün. Die vierjährige Dürrezeit war beendet, die letzten Monate hatte es beinahe ununterbrochen geregnet. Wir waren allein. Ich suchte mir eine geschützte Stelle am Ufer, setzte mich auf einen flachen Stein, packte mein Notizbuch aus. Die beiden Männer bauten ihre Staffeleien auf, René zündete sich einen Joint an. Victor, der sonst keinen Rauch verträgt, hielt es stoisch aus. Er hatte seine mit Wasser gefüllten Reisepinsel dabei und begann, die Farben aufzutragen, die spiegelglatte, dunkle Oberfläche des Sees, die satten Hügel dahinter, den beinahe durchsichtigen Himmel. René führte einen dünnen, in Chlor getränkten Pinsel über schwarz eingefärbte Pappe und ließ politische Karikaturen entstehen, die mit der idyllischen Umgebung rein gar nichts zu tun hatten. Einer von beiden summte vor sich hin. Oder waren es beide?

Beide Männer trugen knallblaue Hemden, die mit den sonnengetränkten Grüntönen der Umgebung kontrastierten. Ich ließ den Bleistift sinken, griff zum Handy, knipste Bild um Bild. Festhalten, dachte ich. Diesen Moment festhalten.

Dann wurde es René zu heiß und Victor konnte nicht mehr stehen. Und ich hatte Hunger.

»Sie hat immer Hunger«, sagte Victor nachsichtig.

Ich nickte. Überhaupt hielt ich gerne her, um den Stolz dieser beiden unendlich tapferen Männer zu wahren. So hielten wir während der ganzen Fahrt ausschließlich meinetwegen an: »Milenita braucht sicher einen Kaffee, Milenita muss bestimmt bald wieder eine Pinkelpause einlegen …«

Es war das Mindeste, was ich tun konnte.

Victor hatte ein bestimmtes Restaurant im Kopf, in dem erstklassige Fisch-Tacos serviert wurden. Das Gespräch über Dosentortillas hatte ihn an dieses Lokal erinnert. Er wusste nur nicht mehr ganz genau, wo es sich befand und ob es überhaupt noch existierte. Aber es wäre das Abenteuer wert, versprach er.

So fuhren wir auf einer schmalen kurvigen Straße durch einen Märchenwald. Das Licht brach immer wieder durch die Bäume, eigentlich hätten wir anhalten und die Stimmung mit einem Foto einfangen müssen, doch es gab auf der ganzen Strecke keine einzige Ausweichbucht. Victor fuhr so langsam es irgendwie ging, ich fotografierte aus dem Fenster. Als wir das Restaurant endlich gefunden hatten, war es geschlossen. Ob nur an diesem Tag oder für immer, war schwer zu sagen. Wir machten uns auf die lange, umständliche Fahrt zurück Richtung San Francisco. Unterwegs erkannte René plötzlich die Gegend wieder. »Hier hatte ich mal eine Freundin, sie hieß Ramona Moon. Im Ernst, das war ihr Name. Ramona Moon. Ein waschechter Hippie, sie hat morgens keinen Fuß aus dem Bett getan, ohne ihre Tarotkarten zu konsultieren.«

Er schaute aus dem Fenster, seufzte. »Mann, diese Hippies waren vielleicht durchgeknallt, aber feiern konnten sie. Das hab ich von ihnen gelernt …« In der Erinnerung an die alte Freundin versunken, durchsuchte er sein Handy nach sentimentaler Musik und spielte uns schließlich Julio Iglesias vor. Schwärmerisch sang er mit. Julio Iglesias. Eine unerwartete Wahl für einen politischen Aktivisten *de la Raza*. Aber er hatte nun mal ein »Nähmädchenherz«, wie es die Franzosen nennen, ein *coeur de midinette*, einen Hang zur Romantik und zum Kitsch. Gerade das mochte ich so an ihm. Kurz vor seinem Tod würden wir noch zusammen die Hochzeit von Meghan Markle und Prince Harry auf dem winzigen Krankenzimmerbildschirm verfolgen, und ich schwöre, er hatte Tränen in den Augen. »Die Erste von euch, die im Hochzeitskleid vor dem Krankenhaus steht, heirate ich!«, verkündete er in die Runde.

An diesem Tag, auf dieser Fahrt war sein Tod durch die Prognose der Ärzte in unmittelbarer Nähe – und doch noch weit weg. Der Tod richtet sich nun mal nicht nach uns. Er hat seine eigenen Pläne.

Zwei Stunden später hielten wir vor einem Lokal direkt an der Straße, das etwas touristisch wirkte, aber unterdessen störte uns das nicht mehr. Im Innern war es dunkel und beinahe leer, wir hatten gerade diese verträumte Lücke zwischen Mittag- und Abendessen erwischt. Erst als wir die Speisekarte aufschlugen, erkannte ich den Namen des Lokals: Wir waren in einem Feinschmeckertempel gelandet, den wir uns weder leisten konnten noch waren wir für den Anlass gekleidet. Aber solche Formalitäten spielen in Nordkalifornien keine so große Rolle. René verkündete, er werde uns einladen, und für den Fall, dass wir uns zierten, bestellte er gleich für alle: Ganze Artischocken und gegrillten Fisch und gekühlten Wein. Es schmeckte hervorragend. Wir blieben, bis sich das Lokal füllte und wir unseren Tisch freigeben mussten. Unterdessen war es dunkel geworden. René legte sich auf die Rückbank und schlief sofort ein. Victor bestand darauf, zu fahren:

»Ich weiß doch, dass du nicht gerne im Dunkeln fährst!«

Ich konnte sehen, dass er müde war, dass er Schmerzen hatte, aber ich sagte nichts. Als die Glitzerlichter der Brücke vor uns aus der Dunkelheit auftauchten, legte ich den Kopf auf seine Schulter.

»Danke«, sagte ich. »Das war ein guter Tag. Vielleicht der beste.«

So kann es gehen, dachte ich. So kann man leben.

# QUELLEN

Die verwendeten Zitate aus den *Cantares Mexicanos* sind von der Autorin selbst übersetzt.

Seiten 43, 58, 66, 129, 136 und 163: *Cantares Mexicanos, Songs of the Aztecs*, Translated from the Nahuatl, With an Introduction and a Commentary by John Bierhorst, Stanford University Press, 1985.

Seite 159: *Codice Matritense del Real Palacio*, VI, fol 215, aus: *Primeros Memoriales (Codice Matritense del Real Palacio)* by Fray Bernardino de Sahagún, Translated by Howard F. Cline, University of Oklahoma Press, 1993.

Das Zitat auf Seite 96 stammt aus dem *Florentiner Manuskript, Buch VI*, nach Paul Westheim und Hans Dietschy. Aus: Paul Westheim, *Der Tod in Mexiko*, Kiepenheuer & Witsch, Köln, 1986.

# BIBLIOGRAFIE

John Bierhorst, *Cantares Mexicanos, Songs of the Aztecs*, Stanford University Press, Stanford, 1985.

Anita Brenner, *Idols behind Altars, Modern Mexican Art and its Cultural Roots*, Dover Publications, New York, 2002 (Erstausgabe Payson & Clarke, New York, 1929).

David Carrasco, *Quetzalcoatl and the Irony of Empire: Mythos and Prophecies in the Aztec Tradition*, The University of Chicago Press, Chicago und London, 1982.

Elizabeth Carmichael, Chloe Sayer, *The Skeleton at the Feast. The Day of the Dead in Mexico*, University of Texas Press, Austin, 1992.

Alfonso Caso, *The Aztecs: People of the Sun*, University of Oklahoma Press, Norman und London 1958.

Juanita Garciagodoy, *Digging the Days of the Dead: A Reading of Mexico's Dia de los Muertos*, University Press of Colorado, 1998.

James Lockhart, *The Nahuas After the Conquest: A Social and Cultural History of the Indians of Central Mexico, Sixteenth through Eighteenth Centuries*, Stanford University Press, Stanford, 1992.

Claudio Lomnitz, *Death and the Idea of Mexico*, Zone Books, New York, 2005.

Roberta H. Markman, Peter T. Markman, *The Flayed God: The Mythology of Mesoamerica*, Harper, San Francisco, 1992.

Octavio Paz, *Das Labyrinth der Einsamkeit*, Suhrkamp, Frankfurt a. Main, 1998 (Erstausgabe 1950).

Miguel Léon-Portilla, *Aztec Thought and Culture*, University of Oklahoma Press, Norman und London, 1963.

Miguel Léon-Portilla, *Fifteen Poets of the Aztec World*, University of Oklahoma Press, Norman, 1992.

Jacques Soustelle, *Les Quatre Soleils*, Ed. Plon, Paris, 2009 (Erstausgabe 1967).

Paul Westheim, *Der Tod in Mexiko*, Kiepenheuer & Witsch, Köln, 1986.

Foto©privat

**Milena Moser,** 1963 in Zürich geboren, ist eine der erfolgreichsten Schriftstellerinnen der Schweiz. 2015 emigrierte sie nach Santa Fe, New Mexico. Zuletzt erschienen die beiden Bestseller über ihr Leben in den USA *Das Glück sieht immer anders aus* (2015) und *Hinter diesen blauen Bergen* (2017) sowie der Roman *Land der Söhne* (2018).

**Victor-Mario Zaballa,** 1954 in Mexico City geboren und in Cuernavaca aufgewachsen, ist Künstler. 1982 gewann er den ersten Preis für traditionelle Altäre in Cuernavaca. Seit über zwanzig Jahren baut er jedes Jahr für den Día de los Muertos öffentliche Altäre, u. a. in der Davies Symphony Hall und der Galerie Somarts in San Francisco, wo er auch lebt.